JN080638

面白いほどわかる！
クラシック
入門

DAISUKE Matsumoto
松本大輔

青弓社

第2章

交響曲を書かなかった
作曲家たち

第3章 交響曲の旅路 その2
誰もが知っているわけではない作曲家たち

イラスト──根津あやぼ
デザイン──和田悠里

まえがき

　こんにちは、松本大輔です。

　アリアCDというクラシック専門のCDショップを運営しながら、ときどきクラシック音楽についての講演などをしています。で、そういう講演会場で私の本を販売していると、よく「もっと簡単な本はないの?」と尋ねられるのです。実は青弓社からこれまで7冊ほど本を出していますが、内容がすっごいマニアックなので、「初心者向けの入門書を出してくれ」とみなさんに言われてきました。

　そういうこともあって、実はいままで何回も初心者向けの本を書こうとしました。ほんとに何回もです。どうでしょう、5回くらいは書きかけたでしょうか。

　でも毎回挫折。というのも、書き進めているうちに「これは違うなー」とか「これは面白くないなー」などと思い始めてしまって、結局やめてしまう。

　また、たいてい書き進めていくとどうしても難しい話になってしまいます。あれもこれもと手を出しているうちにややこしくなってしまう。「もっと説明しなきゃ」とか「これも話しておかないと」とか言っているうちに、なんかえらい複雑なことになってしまって。

　そういわれてみれば巷のクラシック入門書も、たいてい相当難しい。そんなことないですか?　入門書のはずなのに「これ

は初心者には難しすぎるだろ〜?」「全然入門じゃないぞ」、と。

　でも入門書と銘打っておいて難しい内容になってしまう理由、実は痛いほどわかります。作者は書いているうちに、「漏れがないように」とか「間違いがないように」とか「専門家に突っ込まれないように」などと配慮しているうちにどんどん深みにはまってしまうんです。結局、すごく専門的で難しくなって初心者にはついていけなくなる。つまり、書けば書くほどドツボにはまる、というのでしょうか。

　私も同様のパターンに陥って、「これではいけない、もっと簡単な入門書を書かなくては」とイチから書き直すのですが、そうすると今度はまた別の大きな疑問が湧いてくるんです。それは、「これをわざわざ自分が書く必要があるんだろうか」という疑問。だってクラシック音楽の入門書は、すでにいろんな人が出しているのに、自分がわざわざ改めて書く意義はあるのか、と。

　結局、そんなこんなで「もっと簡単で、もっと面白く、もっと読みやすく、そして自分にしか書けないクラシック入門書って何なんだろう」と悩み続けて書けなくて、現在に至ってしまいました。

　ところがその解決法が思わぬところから舞い込んだのです。

　名古屋市栄に宗次ホールという日本一の稼働率を誇るクラシック音楽専門ホールがあります。あるとき、宗次ホールのプロデューサーのN氏からユニークな企画を提案されました。「「そうだ、松本さんに聞いてみよう」という対談イベントやりませんか?」と。ラジオの公開放送のように、事前に集めた初心者の音楽ファンの質問に私が答えるという企画です。ふむふむ、

これは面白い。これなら、初心者の質問に答えながらクラシックの魅力を伝えられるし、その人たちの生の声も聞ける。

　ということで企画に応じたところ、さっそくホールのほうでたくさんの質問を集めてくれました。そこにはさまざまな問い合わせがありました。

「どんな曲を聴けばいいのですか?」

「どういうふうに聴いていけばいいですか?」

「クラシックの魅力って何ですか?」

　なるほど。このあたりは想定内です。しかし、質問のなかで圧倒的に多かったのが——。

「松本さんが好きな作曲家は誰ですか?」

「松本さんが絶対お薦めなのはどんな曲ですか?」

「松本さんが死ぬときに聴いていたい曲は何ですか?」

　むむ?　なんだ?　「松本さん」?　どういうわけか、松本さんへの個人的な質問が多いんです。クラシックを聴くうえでの一般的な、抽象的な質問がもっとくるかと思ったのに、「松本さんのことが知りたい」というものばかり。

　宗次ホールのN氏に「私のことなんか知ってうれしいですかね?」と思わず尋ねてしまいました。するとN氏は、「松本さんの話が参考というか、規範になるんじゃないですか?」と、答えたのです。参考?　規範?　そうか。なるほど、確かにそうかもしれません。

　たとえば「釣りをやりたい!」と思って、知り合いの「釣りマスター」に話を聞くとします。そうしたら、「釣り道とは何だ!?」みたいな難解な話とか、「ここでは指でスプールを押さえてラインの出方をチェックする」などという技術的・専門的

な話よりも、その人がどうやって釣りにはまって、これまでどんな面白いことやびっくりするような経験があったかを聞いてみたくないですか?　そのほうが楽しくて、すごくためになるような気がしませんか?　修行じゃないんだし、受験でもないんだし。

　それって、クラシックも一緒かもしれない。そう、小難しい話ではなくて、自分の話をすればいいんじゃないのか。私がどうやってクラシック音楽にはまって、その後どんなふうにして感動的なクラシック人生を送ってきたか。そういう話だったら、これからクラシック音楽を聴こうとしている人や、クラシックの世界を歩み始めたばかりの人にとっては意外に役立つかもしれない。難しくないから入門にも向いている。そして、それが書けるのは、当たり前だけど、世界でただ一人、松本大輔だけじゃないのか。

　よし、わかった。まったくの初心者だった松本大輔少年が、どうやってクラシックに目覚め、親しんでいったのか。そして、どんなすばらしい体験があったのか、それを本にしてみよう。そうすれば、いままでにない、世界でいちばん読みやすいクラシック入門書になるかもしれない。

　ということで本書ができあがりました。ですから、まあ、お酒を飲みながら、お茶を飲みながら知り合いの音楽好きのいろんな話を聞く……そんな気軽な感じでどうぞ。でも、気軽な感じでお話を進めていきますが、読み終わってからでも、読みながらでも、作曲家や作品についてイメージが膨らんで「あ、面白そうだな」と思ったら「YouTube」などなんでもいいので探して聴いてみてください。まさにそれこそがこの「入門書」の

目的です。聴きたくなってもらうことが目的なのです。

　では、松本大輔少年の話、さっそく入っていきましょう。

第1章

交響曲の旅路
その1

誰もが知っている作曲家たち

1　そもそもどうして交響曲?

　まず、少年時代の私がどのようにクラシックに目覚めていっ
たか、その数年間の道のりについてお話ししようと思います。
本書では、基本的に交響曲に関するお話をします。

　交響曲とは何か、おわかりでしょうか。ルートヴィヒ・ヴァ
ン・ベートーヴェンの『交響曲第5番「運命」』、ピョート
ル・チャイコフスキーの『交響曲第6番「悲愴」』とか、タイ
トルを聞いたことがあるのではないでしょうか。実は交響曲と
いうのは、クラシックの基本といってもいいものです。そもそ
も海外から大きなオーケストラを招いてコンサートをするとき
には、たいてい交響曲が演目の目玉になります。また、クラ
シック好きの人と話をしていても、まず交響曲の話になります。
しかも、クラシックの大作曲家の多くが、交響曲を書いていま
す。もちろん、交響曲を書かない大作曲家もいますが、交響曲
を書いた大作曲家を追えば、クラシックの歴史をおおまかにた
どることができます。それくらい交響曲というのは、クラシッ
クのなかで占める部分が大きいのです。

　でもわかります。「いままで交響曲なんて聴いたことない
よ」と。「『別れの曲』や『ラ・カンパネッラ』は聴いてきたけ
れど、交響曲は聴いたことないよ」という人もいることでしょ
う。でも、交響曲の基本を押さえておけばクラシックの世界の
6、7割は制覇したようなもの。交響曲の世界を大枠で把握し
ておくと、協奏曲や室内楽作品、ピアノ曲や声楽・オペラ作
品、そしてバロック、ルネサンスの音楽、果ては現代音楽まで

理解しやすくなるのです。しかも、その理解は揺るがないものになる。

　まずは交響曲なんです。なにはともあれ交響曲なんです。聴いたことがなくても大丈夫。本書を読んで興味をもってくれれば大丈夫。本書を読んで聴きたくなればいいんです。そして、面白そうなものから聴けばいいのです。ピアノが好きだというあなたも、オペラが好きだというあなたも、うっすら、クラシックが好きというあなたも、まず交響曲の世界を押さえてから自分が好きな方向へいけばいいんです。そのほうが結局、クラシックを知る近道になり、より的確にクラシック音楽全体を把握できるようになります。間違いありません。

　本書は、第1章と第3章で私がクラシックを聴き始めた少年時代、とにかく必死になって交響曲を追いかけ、クラシックに目覚め、ある程度の素養を身に付けていったころの体験談をつづっています。第2章では、交響曲は書かなかったけれどクラシックの歴史では覚えておきたい人のことなどにも触れました。だから、本書を読み終えるころには、あなたも知らず知らずのうちに交響曲、そしてクラシック音楽の基本中の基本を身に付けることになるというわけです。

2　『運命』にたたきのめされる

　それでは、お話に入りましょうか。

　私には2歳上の兄がいます。小さいころは2人でいつも映画音楽ばかり聴いていました。映画も好きでしたが、とにかく映

画音楽が大好きだったんです。かっこよくて、スリルがあって。きれいなメロディーの曲や悲しい曲もあります。ロマンチックな曲やちょっと怖い曲、壮大なスケールの曲もあります。映画を観ていなくても、映画音楽を聴くだけでこのうえなくハッピーな気持ちになりました。

　映画『ゴッドファーザー』（監督：フランシス・フォード・コッポラ、1972年）が公開されたときにサントラのドーナツ盤を聴いた記憶があるので、小学校の１、２年ではもう聴いていたのかもしれません。映画『タワーリング・インフェルノ』（監督：ジョン・ギラーミン、1975年）が上映されたときに、誕生日のプレゼントに「パニック映画音楽曲集」のサントラ・テープを買ってもらいましたから、小学校４年生ではすでにはまっていたようです。いちばんの愛聴盤はヘンリー・マンシーニのサントラ・アルバムでした。『シャレード』（監督：スタンリー・ドーネン、1963年）とか『ピンクパンサー』シリーズ（監督：ブレイク・エドワーズ、1963－93年）とか『いつも二人で』（監督：スタンリー・ドーネン、1967年）とか。とにかく映画音楽が大好きだったんです。兄の影響だったと思います。いつも２人で映画音楽ばかり聴いていました。

　そんなとき、あれは、私が中学１年のときだったでしょうか。兄が言ってきたのです。

「大輔、そろそろクラシックでも聴いてみないか?」

　むむ。クラシック?　ベートーヴェンとかヴォルフガング・アマデウス・モーツァルトとか?　それまで『太陽がいっぱい』（監督：ルネ・クレマン、作曲：ニーノ・リータ、1960年）とか『ティファニーで朝食を』（監督：ブレイク・エドワーズ、作曲：ヘ

ンリー・マンシーニ、1961年）とか『大脱走』（監督：ジョン・スタージェス、作曲：エルマー・バーンスタイン、1963年）とかばっかり聴いていたのに。なぜ、クラシック……。

　でもこの兄というのが、弟を乗せるのがうまい人だったんです。実情はおそらく弟を巻き込めば、クラシックのレコードを買うお金が半分ですむという理由ではなかったかと。だけど、クラシックを聴くなんて、ちょっとかっこいいじゃないですか。それに、ちょっと大人になったような気もするし。

　結局まんまと兄の口車に乗せられてしまい、「クラシック、いいね〜」などと言いながら、兄と2人で小遣を出し合ってレコードショップに行くことになったわけです。

　いままで毎月1人500円ずつ出して映画音楽のドーナツ盤レコードを2枚買っていましたが、このときは気合を入れて1人1,000円ずつ合計2,000円プラス数百円を持ってレコードショップに向かいました。クラシックのレコードを買うために。

　2人は行きつけのレコードショップへ、でも今日向かうのはいつもの騒がしい1階ではありません。階段を上がった先にある、2階の静かなクラシック＆ジャズ売り場です。静謐で気品があって、においからして違います。ちょっと大人な雰囲気です。

　カウンターにはひげを生やしたちょっと怖そうなおじさんが座っていて、階段を上がってきた場違いな少年2人をぎろりとにらみつけます。でも、ここで逃げるわけにはいきません。おそるおそる、緊張しながら、でも一歩一歩確実に、目的の場所に近づきます。

　作曲家の像が置かれています。この人は、ベートーヴェンで

しょうか。そう、私たちが向かっているのは、クラシック・コーナーなんです！　いつもと違うんです。そうして目指す場所に到達した少年2人は、まわりを気にしながらも、おもむろにレコード棚を探し始めます。

　何を買うかはもう決まっています。下調べして、2人で決めてきたんです。松本兄弟、栄えある最初のクラシック・レコードに選んだのは、ベートーヴェンの『交響曲第5番「運命」』。

　やはりクラシックといえば、まずはこの曲でしょう。中学生の少年たちでも、その名は知っています。冒頭の「ジャジャジャジャーン」くらいは知っています。

　いずれにしても、この曲からぼくらのクラシック・ライフは始まるんだ。若干頬を紅潮させた少年たちは、首尾よく『運命』のコーナーを見つけます。しかし棚のレコードを見ると、思ったより値段が高い！　2,500円が普通で、3,000円というのもある。いずれにしてもちょっと高い……。困った……。手持ちは2,000円ちょっとしかない。

　ところが、見つけました。2,300円のがあったんです！　これならぎりぎり買えます！

　手に取ったそのいちばん安いレコード、裏の解説を読むかぎりでは、なかなかすごい指揮者のレコードらしいです。ヴィルヘルム・フルトヴェングラーという名前は初めて聞きましたが、レコードジャケットの解説にはすごい指揮者だと書いてあります。まあ宣伝文だから誰でも褒めるのかもしれませんが、そうはいってもそんな見当はずれなことは書かないでしょう。しかも、オーケストラはウィーン・フィルハーモニー管弦楽団とあります。ウィーン少年合唱団というのは聞いたことがある

し、きっとこのウィーン・フィルというのも有名なのではないでしょうか。

ルートヴィヒ・ヴァン・
ベートーヴェン（1770－1827）

ともかく、私たちが持っているお金で買えるのはこれしかない。2人でうなずきあい、そのLPを手に怖そうなひげのおじさんがいるカウンターへ持っていきます。ひげのおじさんは私たちをジロリと見て、ニヤリ。「いいの選んだな」というような声をかけてくれたことを覚えています。

「ぼくらはいいの選んだんだ！　そうなんだ！」。もう、まるで幸せと喜びの楽園が目の前に広がっているようでした。神様から祝福されたような気持ちといったら大げさでしょうか。

そうして喜々として部屋に帰った松本兄弟。神妙に『運命』のLPを袋から取り出して、レコードプレーヤーのターンテーブルに載せます。親からもらったステレオのスピーカーから、どこかで聴いたことがあるおなじみの「ジャジャジャジャーン」が流れてきます。「ジャジャジャジャーン、ジャジャジャジャーン」。しかし、「ジャジャジャジャーン」はわかります。だけど……、そこだけなんです、わかるのは：「ジャジャジャジャーン」「ジャジャジャジャーン」だけ。

で？　悲しいかな、潔いほど「ジャジャジャジャーン」しかわからない。「ジャジャジャジャーン」が終わるともう何がなんだかわからない。何がいいのかわからない。はっきりいえば、全然面白くないんです。映画音楽のようにかっこよくもな

いし、ロマンチックでもないし、切なくて美しいわけでもない。つまらない。始まって５分もたたないうちに睡魔と全身のけだるさが少年たちを襲います。そして、自分たちは何かとんでもない失敗を犯してしまったのではないかという思いがわいてきます。

　１人1,000円の出費は大きいです。やめとけばよかった？　少年２人はおそらく苦虫を嚙み潰したような顔になっていたと思います。でも、２カ月分のレコード投資額を費やしたのです。ここでやすやすと引き下がるわけにはいきません。松本兄弟は諦めきれず、その『運命』を何度も何度もかけ続けました。買った当日はわからなくても、いつかわかる日がくるかもしれない。昨日はわからなかったけれど、今日はわかるかもしれない。

　２人は来る日も来る日も『運命』をかけ続けました。どうでしょう、その日から最低でも50回くらいはかけたでしょうか。でも、結局だめだったんです。２カ月分のレコード投資金を注ぎ込んで挑んだクラシック音楽でしたが、何がいいのかさっぱりわからなかったのです。

　英語がわからない人が英会話のフレーズを何十回聴いても意味がわからないのと同じように、わからないものはわからない。何十回聴いても、やっぱりつまらない。映画音楽のようには楽しめない。甘かったんです。そんなに甘くなかった……クラシック。

　やることはやったような気がします。でもだめでした。松本兄弟はついに仁王像のようにたちはだかる『運命』の前に屈服することになります。

松本兄弟が最初に選んだ栄えあるクラシックLP『ベートーヴェン交響曲第5番』は、2人にこれ以上ないくらいの敗北感と挫折感を味わわせ、その腹いせにLP棚のいちばん奥に、まるで隠すようにしまい込まれることになりました。

　そしてステレオのターンテーブルには、再び映画音楽のサントラ・ドーナツ盤が置かれることになりました。松本兄弟のすばらしいクラシック・ライフは、始まることさえなく終了、そんなふうに思えました。

3　そして『未完成』から始まる

　さて、それから1年近くが過ぎました。季節は秋でした。

　松本兄弟は、自分たちをたたきのめしたにっくきクラシック音楽には二度と近づかず、快適で楽しい映画音楽とアニメ音楽を聴いて過ごしていました。

　そんなあるとき、久々に部屋の大掃除をしていたんです。ついでに本棚やレコード棚も少し整理しようということになりました。そうしたら、なにかの拍子にレコード棚の奥の奥に、思い出したくない1枚のLPを発見してしまったのです。かつて私たちを陵辱し屈服させた、あのにっくきアルバム『運命』。見たくもない。でもそのとき、ふと気づいたのです。このアルバムにはB面がある、と。A面が『運命』。でもB面には、フランツ・シューベルトの『未完成』という曲が入っている。

　シューベルトの『交響曲第8番「未完成」』。『運命』ほど有名ではありませんが、名前は聞いたことがあるような気がしま

す。第一、オビには「運命＆未完成」とデカデカと書いてある
し、確か『未完成交響楽』（監督：ウィリー・フォルスト、1933年）
というタイトルの白黒映画もあったはず。

　そうか！　まだ聴いてなかったけれど、裏にも曲があったん
だ！　なんかすごく得した気分です。掃除中にタンスの後ろか
ら昔隠して忘れていたへそくりを見つけた気分。それに、直感
なのですが、ひょっとして『運命』よりもわかりやすいかもし
れない、そんな気がしたのです。なんだか『未完成』という響
きがいいじゃないですか。ちょっと優しげで、はかなげで。

「よし、『未完成』聴いてみよう」。松本兄弟はかつて自分たち
を屈服させたそのレコードを長年（たった１年ですが）の眠りか
ら呼び覚まし、今度は裏返してかけることにしたわけです。

　１年ぶりにレコードを取り出して、ゆっくりターンテーブル
に載せます。そして一度もかけたことがないほうの面に針を載
せると、やがて『未完成』という曲が静かに始まります。でも
正直にいうと、最初はよくわかりませんでした。聴いてすぐ、
映画音楽のように「すてきだな〜」とはいきません。ただ冒
頭、優雅に静かに奏でられる弦は優しく心地いい。捉えどころ
がなく得体の知れない感じではありますが、それでもなんとな
くいい。あの『運命』のような聴く者の前にたちはだかる仁王
のような威圧感はなく、どこか優しくこちらを迎えてくれる聖
母マリア様のような感じ。

　そんなわけで、再びアルバムは松本兄弟のステレオのターン
テーブルに鎮座することになりました。しかも、今回は長かっ
た。たぶん２週間ほど、ずっとその場を占拠していたと思いま
す。

そして聴きました。聴いて聴いて、聴きまくりました。前回の『運命』の比ではありません。朝起きたら、かける。学校から帰ってきたら、かける。晩ご飯を食べて部屋に戻ってきたら、かける。風呂から上がったら、かける。寝る前に、かける。とにかく兄弟２人で、かけてかけてかけまくりました。執念というか、意地というか。

フランツ・シューベルト
（1797－1828）

『未完成』は20分から25分くらいの曲だから、すぐ終わります。だから平日でも１日に５回はかけたでしょうか。休みの日なんて10回くらいかけていたのではないでしょうか。そのうちかけるのが習慣になって、部屋にいるときはその曲が流れていないと物足りない、そんな感じになってきました。そうなってくるともう意地とかではなくて、かけたいんです。聴きたいんです。『未完成』という曲が、体になじんできたとでもいいましょうか。

松本兄弟はその後、そういう状態になることを「わかるようになる」と表現しました。「わかる」というのはちょっと説明が難しいのですが、曲がこれからどうなるか体が覚えるというか、鼻歌でついていける、メロディーラインに耳がついていけるというか。どこで盛り上がって、どこで静かになって、どこで美しい場面がやってきて、どこでかっこいい場面がやってくるか。そういう曲全体の流れを、体が自然に覚えるようになる、そういう感じです。

歌謡曲などでも、最初聴いたときはなんだかわからない変な

曲と思っていたのに、何回も聴いているうちにすっごくいい曲に思えるようになることはありませんか？　そういう状態になることを松本兄弟の間では「わかる」と表現したんです。「なんかいい曲だね……」と、松本兄弟はだんだんシューベルトの『未完成』が「わかる」ようになってきたのです。

　これが、2人がクラシックに開眼したきっかけになりました。これで、すばらしいクラシック音楽の世界に一歩踏み出せるかもしれない。おそるおそるではありますが、なんとなくそんな気がしました。これから訪れる苦難もまだ知らずに。

4　苦難のブラームス

　さて、難攻不落と思われた交響曲を攻略し、いよいよクラシックの世界に足を踏み入れた松本兄弟。ここで、2人の間で話し合いがもたれました。

兄●「おれたち、どうやらクラシックをわかってきたみたいだぞ」
弟●「確かに、なんかクラシックを理解する力がついてきたような気がする」
兄●「どうだ、これをこのままにしておくのはもったいない。この力をもっているうちに、次の曲にいかないか」
弟●「そうだな、いってみようか」

　まあ、そんなところです。ということで、次、どうするか。

つまり、次に何を聴くか。

兄●「『運命』は、おそらくまだだめ
だろう」

弟●「確かにあの曲は難しい」

兄●「せっかく『未完成』で勝ち取
った成功体験を『運命』でまた失い
たくない。もっと別の曲にいってみ
よう」

ヨハネス・ブラームス
（1833−97）

　そこで２人が次にチャレンジすることにしたのは、ヨハネ
ス・ブラームスの『交響曲第１番』。

　言いだしたのはおそらく兄でしょう。結構人気がある有名曲
だそうです。実は私もこの曲の存在は知っていました。当時大
好きだった漫画家の手塚治虫がこの交響曲を愛していて、仕事
中にこの曲をよくかけると言っていたのです。どういう曲なの
かさっぱりわからないけれど、とてつもない傑作なのは間違い
ありません。レコードも無数に出ているようです。ならば、次
はこの曲でいくしかありません。

　ところがこの曲、とんでもない曲だったのです。『運命』が
35分、『未完成』が25分なのに対して、ブラームスの『交響曲
第１番』は全部で45分。LPの両面たっぷり使って１曲。しか
も長いだけでなく、複雑なうえに重厚長大。しかし、最初はそ
んなことわかるわけがなくて、何も知らないまま、またまた２
人でお金を出し合ってブラームスの『交響曲第１番』のレコー
ドを買ってきました。

　ちなみに手塚治虫が聴いていたのは、私たちが選んだ『運

命』と『未完成』を指揮していたフルトヴェングラーのもの。やっぱりすごい指揮者なんだ、そんな偶然を喜びながら、松本兄弟もフルトヴェングラーが指揮するブラームス『交響曲第1番』を探して買いました。そして、どんなすばらしい曲だろうとものすごい期待をして聴いてみたのです。

　そうしたら……。もう最初の一音を聴いた瞬間から悪い予感がしました。

「え……」

　難しい、しょっぱなから。これは『運命』以上に難しい。ちょっとやそっとではわからんぞ……。

　正直血の気が引きました。松本兄弟は2人でステレオの前に鎮座してしばらく聴いていましたが、曲が進むにつれ、だんだん意気消沈していきます。なぜだか、お互いに目を合わせようとしない。「やっちまった」……そう思ったのでしょう、2人とも、まずい曲を選んでしまったと。

　まあ、それでも最初の1週間は、あえてお互いの感想を言い合うでもなく、『未完成』と同じように何回も何回もかけ続けました。投資した金額を絶対に無駄にしたくない。失敗したとは思いたくない。中高生2人で2,500円の投資。絶対に引き下がるわけにはいきません。だから何回も何回もかけました。でも、何回かけてもわからない。

『未完成』のように美しい場面もかっこいい場面も現れない。『運命』でさえ最初の「ジャジャジャジャーン」はわかったのに、このブラームスの『交響曲第1番』はそういうところがない。まったく歯が立ちません。『未完成』で培ったと思ったクラシック音楽への理解力？　『未完成』で勝ち取ったと思った成

功体験?　そんなものは幻だったのです。

　で、かけ続けて何週目だったでしょうか。ついに、私は兄貴に食ってかかりました。

「ちくしょう、こんなんだったら映画のサントラLPにしとけばよかった。『さらば宇宙戦艦ヤマト』のサントラにすればよかった！」

　ははは。兄にしても弟に八つ当たりされていい迷惑だったと思いますが、あのときは「うーん、ほんまやなあ、やられたなあ」というようなことを言って慰めてくれたような気がします。

　でもそれでもまだ諦めきれずに、松本兄弟は往生際悪く、それから１カ月くらいブラームスの『１番』をかけ続けていました。聴いて聴いて聴き倒す。そうすれば何かが開けるかも。しかし、結局だめでした。だめだったんです、何回聴いても。それから１カ月聴き続けても、だめだったんです。

　で、どうなったかというと、情けない話ですが、『未完成』に戻しました。兄弟のどっちが戻したのか、いつ戻したのかも覚えていないのですが、ステレオのターンテーブルには出戻りの『未完成』が載ることに。撤退です。でも仕方ないです。訳がわからない曲をかけ続けるよりも、聴いていて楽しい曲のほうがいいです。

　結局なんのことはない、松本兄弟が「わかった」クラシックはシューベルトの『未完成』だけで、『運命』やブラームスの『交響曲第１番』にはまったく歯が立たなかったわけです。

　それら『運命』やブラームスの『１番』は、まったくこちらになびくことのない美女というか、眺めることはできても永遠

に踏破できない山脈というか、難攻不落のままでした。悔しいですが、認めざるをえませんでした。私たちは負けたのです、クラシックに。

　そんなある日、季節は冬になっていました。こたつでうたた寝をしていました。土曜の午後だったでしょうか。どこからかすてきな音楽が聞こえてきたのです。私が寝ている間に兄がかけたのでしょう。私はまどろんだ頭でその曲を聴いていました。クラシックです。とても美しいクラシックです。ボーッとした頭に、えもいわれぬ美しい曲が流れ込んできます。夢うつつ。幻のような意識がその美しい音楽のなかに浮かんでいるような、甘美な浮遊感。ああ美しい、ほんとに美しい……。

　ふと我に返ります。目が覚めたんです。これ、何の曲だろう。でも、考えてみたら自分が「美しい」と感じられるクラシックの曲は『未完成』しかないはず。だから私は、その感動に浸りながら、ゆるゆるとこたつから身を起こして、ボソッと兄に言ったんです。

「やっぱり『未完成』っていいなあ……」

　そうしたら、兄が答えました。その一言で私の人生が変わることになる一言を。

「大輔、これ『未完成』じゃないよ。ブラームスの『1番』だよ」

　え、なに？　ブラームスの『1番』？　一瞬何が起こったかわかりませんでした。ブラームスの『1番』？　そんなはずがないじゃないですか。あの曲はわからなかったはず。何回聴いてもわからなかったはず。しかしいま、事実、いま自分の耳に美しい旋律が流れている。これがあの難攻不落だった、あの何

十回聴いてもさっぱりわからなかったブラームスの『1番』？ まさか。そんなことが！　ありえない！

　あの曲は理解不能と諦めていたのに、でもいまは違う。美しいんです。私はいつの間にかこの曲を理解していたのです。「わかる」ようになっていたんです！

　もうその美女は高嶺の花じゃない。私に向かってうっすらほほ笑んでいる。もうその山は前人未踏ではない。その頂はいま私の足元にある。

　これが、私がブラームスの『交響曲第1番』を理解した瞬間。そしてクラシック音楽のひとつの大きな壁を越えた瞬間でした。初めて神がほほ笑んでくれたような神秘体験。こたつのなかでしたが。

　ちなみにこのブラームスの『交響曲第1番』。いまでも思いますが、初心者が手を出すものではありません。難解で重量級の通好みの曲です。

　ただ、この曲は第4楽章の途中にきわめてシンプルで感動的な場面があります。それはおそらく、ブラームスがベートーヴェンの『交響曲第9番』の終楽章「喜びの歌」に近づこうとして書いたものではないかと推測しています。ベートーヴェンの『交響曲第9番』の終楽章「喜びの歌」についてはあとで話しますが、とってもストレートでわかりやすい音楽です。で、ブラームスはこの『交響曲第1番』の終楽章で、「喜びの歌」に負けないくらいストレートで熱く感動的な音楽を用意しました。だから、その部分はとてもわかりやすい。で、私がたまたまうたた寝しながら聴いていたのが、その部分だったのです。だから心にスーッと入ってきた。運がよかったんです。音楽の

神様の計らいだったのかもしれません。あのときあの部分が流れていなければ、私は一生クラシックに目覚めていなかったかもしれません。そして、いまの仕事をしていなかったかもしれないのです。

5 200年後の日本の少年のことまで 考えてくれていた『第9』

そんなふうになんとなく勢いと執念でブラームス『交響曲第1番』に開眼したわけですが、どういうわけか私が理解したのと同じく、兄もまたこの曲を理解するようになっていました。そこには兄なりの奇跡があったのかもしれませんが、わかりません。

とにもかくにも松本兄弟、聴いて聴いて聴き倒すことによってブラームスの『交響曲第1番』を理解できるようになり、ここでついにクラシックの大交響曲を聴くという醍醐味を知ったのです。もうあとには引けません。次へいくしかない。

次はどうしようか。でも正直、もう1カ月2カ月、朝から晩まで同じ曲を聴き続ける難行苦行のようなのはちょっと、しんどい。楽してとはいわないまでも、もうちょっと気軽に聴ける方法はないのか。もっと簡単に「わかる」ようになる方法はないのか。たぶん兄弟2人ともそう思っていたのでしょう、どちらが思いついたのかはわかりませんが、ひとつ画期的な方法を見つけたのです。

それは名づけて、「聴きたいところがある曲を探す」作戦！つまりこう考えたんです。長い1曲のなかで、どこかすごく魅

力的な部分があれば、そこを目指して、そこが聴きたくて全部を聴き通せるのではないか……と。

　ちょっと説明しましょうか。交響曲って長いですよね。30分とか40分とか、長いのになると１時間を超えるのもある。だから全部を集中して聴くのはなかなか難しい。ところが、交響曲というものはだいたい４つに分かれているんです。つまり、第１楽章、第２楽章、第３楽章、第４楽章という構成になっている。そして、それぞれの楽章は完全に分かれていて、別の曲なんです。続けて演奏されることもあるけれど、たいていは楽章ごとに全然別の曲になっています。だから、第１楽章から第３楽章までが面白くなくても、最後の第４楽章がすごくよかったり美しかったりすることもある。だから、もし第４楽章（いちばん最後だから終楽章ともいう）がすっごくかっこいい曲だったら、第１楽章から第３楽章までが退屈で死にそうでも、すばらしい第４楽章になると感動して、もうがぜんうれしくなってしまい、「この曲聴いてよかった！」となるわけです。第１楽章から第３楽章までドロドロに退屈でも、第４楽章だけは思いっきり楽しむ……という聴き方だっていいじゃないか。それに、そうやって第４楽章がくるのを楽しみにしながら聴いていれば、いつしか第３楽章までだって楽しめるようになれるかもしれない!?　それが「聴きたいところがある曲を探す」作戦です。

　ただここで気をつけなければならないのは、お気に入りの楽章を取り出してそこだけを聴くというのはダメ、ということ。それはなんというか味けない、風流でないというか。それぞれの楽章は別の曲といいましたが、やっぱり一緒のものだから、

全部で一つの曲なんです。第1楽章から第4楽章まで聴いて一曲なんです。足とおなかと腕と頭はそれぞれ人間の体の一部であって別々だけど、全部合わせて一人の体、みたいなものといったらいいのでしょうか。いくら大好きな恋人の顔が好きといっても、顔だけでいいというわけにはいきませんよね。だからどんなに第3楽章までが退屈に感じられて第4楽章だけが好きといっても、その第4楽章だけ聴いてたんじゃだめ。その楽章を楽しむためにも、そこにたどり着くために他の楽章をがんばって聴く。それでこそ第4楽章を心から楽しみ満喫できるし、その曲の本来の持ち味を楽しむことができるわけです。だから、すごく魅力的な楽章をもつ交響曲を見つければ、全部魅力的でなくても、その楽章が聴きたくて全部を聴くようになるのではないか。これが「聴きたいところがある曲を探す」作戦。

　ただ、そんなおあつらえ向きの曲があるのでしょうか。「聴き始めるともうがぜん元気になってうれしくなって、全曲聴いてよかった！」となるような楽章が。そんな魅力的な曲が。

　あるんです。あったんです。しかもなんとあのベートーヴェンに!!　それは『交響曲第9番』の終楽章（第4楽章）。

　ベートーヴェンの『交響曲第9番』とは、『第9』の愛称で知られる曲です。年末になるとよく演奏されています。とくにその終楽章では、「喜びの歌」という名前もある私たちが普段から耳にすることも多い超有名曲が登場します。すっごくポピュラーな旋律なのでみなさん絶対に知っていると思うし、たぶん口ずさめるのではないでしょうか。小学校や幼稚園で教えているところもあるようです。

　実はこの終楽章は、ベートーヴェンが、「音楽は貴族や特権

階級だけのものじゃない、労働者も学生も万民みんなでともに喜び歌おう」、そんな思いを抱いて作った曲なんです。それはつまり、「クラシックの初心者だろうが挫折者だろうが、みんな一緒に歌おうよ」というテーマの曲でもあります。それくらいわかりやすい曲なのです。初めて聴いても、その聴きやすさ、ノリのよさにびっくりするのではないでしょうか。私も最初この終楽章を聴いたとき、あんまりかっこよくて興奮して部屋中行進してしまいそうになりました。

　とすると、この魅力的な終楽章を聴くために、それを楽しみに全曲通して聴けるかも！……ところがベートーヴェンの『交響曲第9番』は、全部で70分を超えるんです。第1楽章から第3楽章まで50分あるんです。聴きどころの終楽章までで50分……。50分ですよ。これはさすがに終楽章にたどり着く前に討ち死にしそうです。『未完成』とは訳が違う。楽しみな第4楽章が始まる前の第1楽章から第3楽章までがあまりに長い。終楽章までに挫折する可能性大。実際、終楽章までたどり着けないで終わってしまうことが何回あったことでしょう。

　しかし、この曲には秘密がありました。そんな第3楽章までの間に挫折してしまう私のような者を救う秘密が！　この曲、最後の終楽章の冒頭で第1楽章の旋律が流れるんです。ずーっと前に終わった第1楽章のメロディーを、第4楽章の冒頭でわざわざ引っ張り出してくるのです。ところが、そのせっかく出てきた第1楽章の旋律が、いきなり、「違うだろー！」みたいな感じで打ち消されてしまいます。ジャキーンと。そして続いて第2楽章の旋律が出てきて、これまた「違う！ジャキーン」と打ち消される。さらに第3楽章の旋律も出てきて、またも

「違う！　ジャキーン」と打ち消されてしまう。

「なんじゃこりゃ」という感じですが、実はこれはベートーヴェン自身の、音楽による自己否定。それまでやってきたことの全否定。「第１楽章から第３楽章まではダメ！　おれがいままで書いてきたような音楽じゃダメなんだ！」と。でも、じゃあ、どうしろというんだ、という感じですが、……と、そこに流れてくるのです。あの「喜びの歌」の旋律が！　湧き上がってくるとでもいいましょうか。そうなると音楽全体に火がついて、「これだ！」「これが探していた音楽だ！」「この単純でまっすぐで熱い「喜びの歌」こそすばらしい音楽だ！」と燃え上がるわけです。

　つまり、いままでのクラシックの王道のようなちょっとかしこまった第１楽章から第３楽章に対して、ベートーヴェンは、第４楽章の冒頭で自己否定のカミングアウトをする。「おれたちが求めているのは、第１楽章や第２楽章や第３楽章のようなかしこまった音楽じゃない！　おれたちが求めているのは「喜びの歌」のような強烈で熱いストレートな音楽なんだ！」と。

　だとしたら、第１楽章から第３楽章まで退屈で死にそうだったのに、第４楽章でようやく目が覚めてそこからおもむろに立ち上がって一緒に歌ったり踊ったりしている私のような人間も許されるわけです。だって作者自らが、「いやいや、退屈だったろう、お疲れさん。し・か・し、ここからは違うぞ〜！」と言ってくれているようなもの。むしろ、それこそがベートーヴェンが望んでいたことかもしれません。なんということでしょうか！

　それがわかってからは、ベートーヴェンの許しを得た気がし

て楽になって、第３楽章までは「まったり気分」で過ごし（どうせ全否定されるし）、第４楽章が始まるとがぜんノリノリで楽しむようになったわけです。

　ところがですね。人間というのは不思議なもの、勝手なもので、「気楽に聴いていい」と思い始めたら、逆に、難行苦行のようだった第３楽章までがなんとなくいいやつのような気がしてきて。決して難攻不落にも思えなくなってきたんです。ラスボスの前に現れた愛すべき敵キャラとでもいうか、いや、まあ敵ではないのですが。

　そうなると、はじめは第４楽章が始まったときのカタルシス、解放感、達成感を楽しんでいたのですが、次第に全曲をフルで味わえるようになっていったのです。

　第１楽章は大歴史ドラマの開幕のようでなんとも荘厳に思えるようになり、第２楽章のスピーディーであおりまくってくる感じもなんかかっこよくて、さらに退屈かと思った第３楽章もなんてしみじみした美しい曲なんだろうと思うようになって。そうしたらいつのまにか、「『第９』、すごい曲じゃん！　終楽章だけじゃないぞ！」となっていったわけです。まさに「聴きたいところがある曲を探す」作戦、大成功です。

　でもそこまで思えるようになったのは、人類愛に満ち、200年後の日本の少年のことまで考えてくれていたかのようなベートーヴェンのおかげです。どんな人もみんな許して、両手を広げて熱く大歓迎してくれるのがベートーヴェンの『第９』という曲だったんです。

　ちなみに松本兄弟が手に入れたのは、またまたフルトヴェングラーという人の指揮。オーケストラはバイロイト祝祭管弦楽

団というあまり聞いたことがないところ。この録音が、演奏されてから50年以上たつのに、いまだにこの曲のベスト1にあげられるものだと知ったのはずいぶんあとになってからのことでした。

6 音楽で世界が変わる、ドヴォルザークの『交響曲第8番』

　さあ、『第9』をたっぷり楽しんだ松本兄弟。次を探します。やはり「聴きたいところがある曲を探す」作戦がいいようなので、次もこれでいきましょう。どこかに超魅力的な楽章をもつ交響曲はないでしょうか。

　しばらく「すてきな楽章」を探す日々が続きます。ラジオやテレビでクラシックがかかれば耳を澄まし、雑誌や本の音楽評を読みあさって「すてきな楽章」がないか探します。

　そんなとき。なんとなくつけていたラジオから、突然なんともいえない美しい音楽が流れてきました。もう信じられないような美しさ。花びら舞う天上の音楽。

　まだクラシックを聴き始めたばかりとはいうものの、ラジオやテレビで機会があればいろいろな曲を聴きかじってきたつもりでした。でも、こんな美しく可憐な曲は初めてでした。かわいい少女が初めて社交界に出たときのような気品と恥じらいが交ざった初々しさ。夜明けの林道に咲く一輪の花のような清純さ。いま思えば青春時代の甘酸っぱい思い出のような曲です。

　こんなすてきな曲があったのか。松本兄弟は身を震わせてお互いの顔を見合わせました。何なんだこの曲は!?　それがアン

トニン・ドヴォルザークの『交響曲第8番』第3楽章でした。

アントニン・ドヴォルザーク
（1841－1904）

　ドヴォルザークの交響曲といえば『第9番「新世界より」』が有名で、『第8番』なんて噂さえ聞いたことがありません。実は松本兄弟で話し合って次は『新世界』にしようという案もあったのです。でも、まさか『第8番』がこんなにすてきだとは！　次はこれしかない！　2人はまた小遣いをためて、レコードショップに走りました。

　目当てはブルーノ・ワルターという指揮者のレコードです。ワルターはフルトヴェングラーと同じくらい有名な人です。しかもフルトヴェングラーがすごく男性的で勇壮な演奏をするのと対照的に、ワルターはとても優しく美しい演奏をするというのですから、この曲にはピッタリじゃないですか！

　お目当てのレコードを3軒目のレコードショップで手に入れた兄弟は、ほくほくしながら家に帰ります。封を切ったばかりのレコードをターンテーブルに慎重に置いて、さあ、聴きましょう。お目当ては第3楽章ですが、がんばって第1楽章からちゃんと聴きます。

　どうでしょう、ドヴォルザークの交響曲は初めて聴きましたが、いままで聴いたベートーヴェンともブラームスともシューベルトとも違う感じです。優しさや美しさはちょっとシューベルトに似ていますが、もっと明るくて素直な感じ。裏表なく付き合える気の置けない友人、という感じでしょうか。それに、

とても親しみやすく感じます。風格も気品もあるけれど、「交響曲ドーン！」と威嚇するような怖さがない。

　ドヴォルザークはチェコの人。ベートーヴェンやブラームス、シューベルトはドイツやオーストリアの人ですが、生まれた国の違いが音楽にも表れているのでしょうか。ジャケットに使われている写真は一面に広がる美しい緑の草原です。そんな優しくのどかな感じが音楽からも伝わってきます。第1楽章を聴いただけで、「これはとてもいい曲を選んだな」と思った覚えがあります。

　さあそして。第1楽章、第2楽章が終わって、いよいよ始まりそうです。あの第3楽章。好きになった女の子が家に初めて遊びにくる……そんな心境です。そわそわします。ちょっと緊張します。

　そして、ついにその瞬間がきます。第3楽章が始まったのです。その瞬間、むさくるしい松本兄弟の男部屋は、さーっと真っ白な貴族の舞踏会場に変わりました。引き出しから靴下がはみ出たタンスは暖炉に変わり、本が無造作に積まれた勉強机は17世紀の彫刻に、埃が積もった蛍光灯はまぶしいシャンデリアに変わります。ほんとなんです。音楽で世界が変わるんです。

　先日ラジオで流れたあの愛くるしい無垢な音楽は、まったく見劣りすることなく2人の前に姿を現しました。期待が大きすぎたのでひょっとするとがっかりするかも……そんなエクスキューズなどまったく無用でした。いえ、最初聴いたときよりももっと美しく壮麗で甘美でした。第一印象で一目ぼれしてなんとかデートにこぎつけたけど、デート当日待ち合わせ場所に行

ったら最初会ったときよりももっとかわいかった……そんな感じでしょうか。

こんなすてきな楽章を聴くためなら、第1楽章、第2楽章を聴くことなんて苦でもない。というか、第1楽章と第2楽章は第3楽章へ向かうための大切な儀式のようでさえあります。そして、第3楽章が終わって始まる華やかで明るいお祭りのような第4楽章も、自分の興奮状態を表しているようで全然違和感がない。

ああ、世の中にはこんなすばらしい交響曲があるんだ！　毎日学校から帰ってくるのが楽しみで仕方ない。松本兄弟、今回選んだレコードは大成功でした。

音楽で世界が変わることがあるんです。それを教えてくれたのがドヴォルザークの『交響曲第8番』でした。

7　モーツァルト『ジュピター』、長い旅路の始まり

なんということでしょう。ベートーヴェン、シューベルト、ブラームスときて、ついにドヴォルザークまで聴いてしまいました。ドヴォルザークの『交響曲第8番』は魅力的すぎて、好きになりすぎて、なかなか次の曲にいけませんでした。しかし少年たちはどんどん先にいかなければなりません。次の名曲を探さなければなりません。それはもう義務感というのか、使命感とでもいうのでしょうか。

そのために松本兄弟はとにかく手当たり次第、FMラジオ放送のクラシック番組をカセットテープに録音して（エアチェッ

クといいます）聴きまくりました。そうやって、2人が「これ
は！」と思った曲を、小遣いを出し合ってレコードショップに
買いにいくわけです。松本兄弟にとって次の道しるべとなるよ
うな偉大な曲はレコードでそろえ、気軽に楽しんだりカタログ
拡充のために聴いたりするときはエアチェックしてカセットテ
ープに収録しておく、そんな使い分けです。

　そんなあるとき、エアチェックで録音したモーツァルトの
『アイネ・クライネ・ナハトムジーク』という曲。これが典雅
で優雅で、しか親しみがある美しい曲だったのです。とっても
チャーミングなので、スーッと頭のなかに入ってきます。きっ
と、みなさんも一度は聴いたことがあるでしょう。私も以前か
ら聴いていた曲でしたが、名前はよくわかっていませんでし
た。
『アイネ・クライネ・ナハトムジーク』と、長くて1回ではな
かなか覚えられませんが、繰り返し言っているうちにだんだん
言えるようになってきます。

　でも、なんかかっこいいですよね。「好きな曲は?」と聞かれ
て『アイネ・クライネ・ナハトムジーク』。うーん、いいです
ねー。「小さな夜の曲」という意味だそうです。だけど、この
曲は交響曲ではなくて、セレナードというジャンルの曲なんだ
そうです。だから親しみやすいのでしょうか。

　ちょうどそのころSF映画『エイリアン』（監督：リドリー・ス
コット、1979年）を兄と2人で観にいったとき、登場人物がこ
の曲を聴いている場面があって、兄がぼそりと「未来の世界で
も『アイネ・クライネ』を聴いてるんだな」と言ったことを覚
えています。ああ、名曲は何百年後も聴かれ続けるんだ、と不

思議に感心した覚えがあります。映画のなかの話なのに。

ヴォルフガング・アマデウス・モーツァルト（1756−91）

　でも、松本兄弟の現在の使命は、次の交響曲を探すことにあります。まず「聴きたいところがある交響曲を探す」ことが優先です。『アイネ・クライネ・ナハトムジーク』はすてきな曲だけど交響曲ではない。あ、だったら次はモーツァルトの交響曲でいけばいいじゃないか。『アイネ・クライネ・ナハトムジーク』のようにすてきな交響曲があるにちがいない！

　なのに、次に買ったのはモーツァルトの「序曲集」でした。序曲は交響曲ではありません。オペラなどの最初にかかるプロローグ的な曲です。ドラマの主題曲のようなものです。序曲がかかることで、さあ、いよいよオペラが始まるぞ〜という気分にさせるわけです。そして序曲が終わったところで、すると幕が開いて本篇が始まります。だから、この序曲で、そのオペラがどんなにすごいか、どんなに楽しいかを観客に十分にわかってもらわないとなりません。ワクワクさせるような曲でなければいけません。だって、これがつまらなかったら本篇も推して知るべし、ということになってしまいます（本篇はイマイチでも序曲だけはすごい、ということもままありますが）。そんなわけですから、あの天才モーツァルトが作った序曲であるなら、もう魅力満載の宝箱。しかもそんな序曲をいっぱい集めた「序曲集」のアルバムとなると、宝箱が並んだ宝物館のようなものです。贅沢すぎます、豪華すぎます。しかもこの序曲、1

曲1曲が5分くらいで短いんです。すごいなー、楽しいなー、かっこいいなー、と思っている間に終わってしまう。だから、序曲集をかけると、次から次へと至福の時間を味わえるわけです。

　そんなわけで、松本兄弟が交響曲名曲探しの旅を1回だけ中断してモーツァルトの序曲集のレコードに走っても、まあ大目に見てください。確かオットー・クレンペラーという指揮者のレコードを選んだ覚えがあります。このクレンペラー、フルトヴェングラーやワルターと同時代の、やはりすごい人です。

　そのレコードには歌劇『フィガロの結婚』、歌劇『ドン・ジョヴァンニ』、歌劇『魔笛』、歌劇『後宮からの誘拐』、歌劇『コジ・ファン・トゥッテ』など、有名な序曲が全部入っていました。そしてさすがモーツァルト、どの序曲も楽しさやスリルや美しさをこれでもかと詰め込んでいるのです。惜しげもなく！

『フィガロの結婚』の序曲は颯爽としてどこかファッショナブルで、とってもチャーミング。チャキチャキしています。

　一方『ドン・ジョヴァンニ』の序曲は、前半がまるでホラー映画のようで、いままで聴いたことがないモーツァルトのデモーニッシュな世界が広がっていて、聴くたびに背筋がゾゾッとしてしまいます。

『魔笛』の序曲は厳かな世界と童話のような世界が入り交じった幻想的な音楽。ワクワクドキドキ。

　いったい本篇のオペラはどんなんでしょう？　たった5分の序曲を聴いただけで、見たことのないオペラの情景が目に浮かんでくるのです。モーツァルトの序曲の世界、楽しすぎます。

このレコードがターンテーブルに載っている間、松本兄弟の部屋は毎夜宮廷の楽しい晩餐会が開かれているような雰囲気に満たされました。

　でも、この享楽的＆貴族的な世界にいつまでも安んじているわけにはいきません。本来の目的である次の交響曲を探さなければなりません。松本兄弟の交響曲名曲探しの旅を続けなければなりません。「あ、そうだった、次はモーツァルトの交響曲と思っていたのに、ついつい序曲集にしてしまったんだった」。気を取り直して、改めて次はモーツァルトの交響曲でいくことにしました。

　そして松本兄弟が次に選んだのは、モーツァルトの『交響曲第41番「ジュピター」』。

『ジュピター』。またまたかっこいい名前ですね。なんか風格があって、すごそう。モーツァルトの最後の交響曲らしいです。ちなみに歌謡曲でよく名前を聞く『ジュピター』という曲は、グスターヴ・ホルストという人が作った『惑星』という作品のなかの１曲です。ここでお話ししているモーツァルトの『交響曲第41番「ジュピター」』とはまったく関係ありません、念のため。

　さて、何にしてもこれは相手にとって不足なし。次はこれでいきましょう。

　ということで松本兄弟、序曲集でお世話になったクレンペラー指揮の『交響曲第41番「ジュピター」』のレコードを買いにいきました。

　ありました。『ジュピター』。いままで聴いたことはありませんが、きっと『アイネ・クライネ・ナハトムジーク』や序曲の

ように楽しくかっこよく美しい曲なのでしょう。

　ところが、違ったんです。この曲、聴いてすぐ楽しめるような作品ではなかったのです。『運命』やブラームスの『交響曲第1番』同様、対峙してすぐに「しまった、この曲ただものじゃなかった！」と感じました。いまでこそこの曲はモーツァルトの甘美さや優美さを感じさせる壮麗で魅力的な作品だと思いますが、残念ながら少年たちにはまだ早かったのです。この曲を理解するためには、また数カ月間、何度も聴き返す必要があるでしょう。しかし、そのとき少年たちはどうしたか。彼らにも学習能力があったのでしょうね。すぐに裏返したのです。『運命』がだめだったときに裏面の『未完成』にしたときのように。

　裏の曲は『交響曲第40番』。もちろん聴いたことはありません。ところが、これが一回聴いたら忘れられないような美しい旋律で始まったのです。あの『アイネ・クライネ・ナハトムジーク』を彷彿とさせるような、なんと美しい！　これならいけるかも！

　ベートーヴェンの『第9』は終楽章に、ドヴォルザークの『第8番』は第3楽章に聴きたい楽章がありましたが、この『第40番』は、いちばん最初の第1楽章に「聴きたいところ」があったわけです。もうしょっぱなから美しさ全開！

　ドヴォルザークの美しさとは違って、高貴で、貴族的なたたずまいは味わったことがない非日常的な美しさ。すぐに仲良くなれる感じではないけれど、美術館で美しく均整の取れた彫像を見ているようなちょっとハイソな気分にさせてくれる。

　やっぱりモーツァルト、こういう曲を書くんだ！　しかもい

ままで聴いていたようなセレナードや序曲とは違って、これは交響曲。全曲聴いたら30分近い、堂々たる交響曲。『ジュピター』には悔しくも跳ね返されたけれど、だったら「『40番』でいこう！」となったわけです。

　松本兄弟、なかなか適応能力がありますね。それからしばらくはモーツァルトを聴き続けることになります。

　その後、「どうやらピアノ協奏曲はさらに聴きやすいらしい」という情報を得て、『第20番』『第21番』あたりを聴いてゾクゾクしたりもしました。可憐で才気あふれるピアノ・ソナタなども聴きました。ただ『ジュピター』には手をつけませんでした。ちなみにこのころ、まだ『運命』にも再挑戦してはいません。なんと言えばいいのでしょう。まだ早すぎるというのを直感的にわかっていたからかもしれません。

「これらを理解するにはまだ相当な時間がかかる。それよりもいまはとにかく数をこなそう。わかる曲、好きになれる曲を増やそう」

　まず『未完成』とブラームスの『第1番』で大きな壁を越えた。これからはとりあえず聴きやすいものや親しみやすいものを中心に聴いて、クラシックに慣れていこう。最初に超ハードトレーニングをおこない、あとは比較的軽い運動を長期にわたって続けて基礎体力をつけていくような感じでしょうか。その間は、やみくもに難曲に手を出さないで、こちらの耳が育つのを待つ。松本兄弟は本能的にそんなやり方をわかってきたのかもしれません。

　ただ、モーツァルトの楽曲はとても奥が深く、私が本当にモーツァルトを理解し好きになるのはもうちょっとあとのことに

なります。それまでは、耳ざわりがいい名曲だけを聴いてモーツァルトを知ったつもりでいました。

　モーツァルトを聴くとき、まずはその優美で甘美な曲に魅せられ、次に陰がある悪魔的な曲に魅せられるのですが、モーツァルトの真のすごさはその次の「神のごとき高潔さ」にあるという気がします。音楽鑑賞という域を超えた、宇宙、神、真理との邂逅のような得がたい感覚です。

　そういう意味で、少年だった松本兄弟にはモーツァルトのすごさはそこまでわかっていなかったような気がします。でも、それでいいのかもしれません。なにもかもすぐにわからなくてもいいのではないかと思います。少年たちとモーツァルトの出合いは、未熟で浅い付き合いだったにしろ、そこから長い旅路が始まったわけですから。

8　バッハの交響曲?

　さあ、まるで獲物を狩る肉食動物のように、松本兄弟の「次の交響曲」を探す日々が続きます。そんなとき、NHKテレビでとってもかっこいいオーケストラ曲を放送していました。

　それはヨハン・ゼバスティアン・バッハでした。バッハ!もちろん知っています。ベートーヴェンやモーツァルトと並ぶ大作曲家。

　ただ、初めから意識して番組を見ていたわけではなかったので、テレビで流れていたのがバッハの何という曲かわからなかったのです。曲が終わってからテロップが出たようなのです

44

が、よくわかりませんでした。で
も、どこかで聴いたことがある曲だ
った。とても有名な曲ではないか。
その壮大さやかっこよさから、交響
曲にちがいありません。

　考えてみれば、これまでモーツァ
ルト、ベートーヴェン、シューベル
ト、ブラームス、ドヴォルザークの
交響曲と聴いてきて、どうしてバッ

ヨハン・ゼバスティアン・
バッハ（1685−1750）

ハの交響曲を聴かなかったのか。うかつでした。こんな大作曲
家を飛ばしていた！

　さっそく、兄弟は次の休みの日にまたもやお小遣いを握り締
めてレコードショップに向かったのです。松本兄弟もこのころ
になるとレコードを買う前には、その曲にどんなレコードが出
ているかをカタログで調べるようになっていました。兄弟が
中・高生だったころは、日本で売られているすべてのクラシッ
クのレコードを記載した分厚いカタログがありました。だから
そのときも、バッハの交響曲にはどんなものがあるのか、どれ
が有名なのか、そしてNHKで放送していたのがどの曲なのか
をカタログで調べたのです。おそらくバッハの交響曲のなかに
も、『運命』や『未完成』のような超有名曲があるにちがいな
い。それがおそらくNHKで放送していた曲だろう！　ところ
が、なんと松本兄弟が持っていたレコード・カタログにはそれ
らしい曲が載っていない。バッハの交響曲が載っていないので
す。なんというお粗末なカタログでしょう。バッハの交響曲が
載っていないなんて。じゃあ、ということで２人で直接レコー

ドショップに行って見てみようということになったわけです。

　しかし、やっぱり、ないんです。バッハの交響曲のレコード。もう狐につままれたような感じでした。確かにNHKで放送していたんだけどなあ。あれは交響曲じゃないのかなあ。あのかっこよくて壮大な曲は一体何だったのでしょう。バッハの交響曲は一体どうすれば聴けるのでしょうか。しばらくしてその謎が解けました。バッハは交響曲を書いていなかったのです。でもモーツァルト、ベートーヴェン、シューベルトなど、大作曲家はみんな交響曲を書いているのに、どうしてバッハは書かなかったのか。不思議ですよね。

　どうしてバッハは交響曲を書かなかったのか。実はバッハが生きていた当時は、交響曲はまだメジャーではありませんでした。原型のようなものはすでに生まれていましたが、交響曲というものがガンガン作曲され始めて人気を得るようになるのは、バッハよりももう少しあとの時代になってからなのです。バッハの時代に交響曲を探すのは、戦前の日本でロックを探すようなものだったのです。

　交響曲に注目して有名作曲家の年表を見てみましょう。

　この年表で、交響曲を書いた人で最初に載せたフランツ・ヨーゼフ・ハイドン。交響曲を生み出したのがハイドンというわけではありませんが、「交響曲の父」とも呼ばれていて、ハイドンは交響曲隆盛の最初期にいました。

　で、そのハイドンとバッハの間がかなり空いていることがわかるでしょうか。2人の年の差は47歳。「交響曲の父」ハイドンが『交響曲第1番』を作曲したのは1757年で、そのときすでにバッハは亡くなっています。そういうことから考えても、

ヨハン・ゼバスティアン・バッハ（1685-1750）	交響曲なし
フランツ・ヨーゼフ・ハイドン（1732-1809）	交響曲あり
モーツァルト（1756-91）	交響曲あり
ベートーヴェン（1770-1827）	交響曲あり
シューベルト（1797-1828）	交響曲あり
フェリックス・メンデルスゾーン（1809-47）	交響曲あり
ロベルト・シューマン（1810-56）	交響曲あり
ブラームス（1833-97）	交響曲あり
チャイコフスキー（1840-93）	交響曲あり
ドヴォルザーク（1841-1904）	交響曲あり

バッハの活動していたころはまだ交響曲が作られる時代ではな
かったということがわかるでしょう。

　バッハの交響曲はないんだよ。できれば、そのときの松本兄
弟に教えてあげられたらよかったのですが。えっと、あと何か
忘れてましたっけ。あ、そうそう。2人の少年がNHKで見た
バッハのかっこいいオーケストラ曲。あれはおそらく、バッハ
の『トッカータとフーガ』というオルガン曲をレオポルド・ス
トコフスキーという大指揮者がオーケストラ用に編曲したもの
だったと思われます。確かにあれはかっこいい曲なので、少年
たちが飛びついたのも無理はありません。

9　愛すべき交響曲2つ、
　　シューマンとメンデルスゾーン

　さあ、そんな松本兄弟。いろいろ失敗はあるものの、クラシ

ック名曲探索の旅は続きます。とにかくいろんなところにアンテナを張って、名曲がどこかにないか、毎日のように兄弟で報告会をもちました。

「ベートーヴェンの『交響曲第6番「田園」』は全曲通してもわりと聴きやすいらしい」「ヴィヴァルディの『四季』も聴きやすいらしい。でも交響曲ではないらしい」というようなビギナー的な会話から、「チャイコフスキーの『ピアノ協奏曲』と『ヴァイオリン協奏曲』はどっちも名曲らしい」「ベートーヴェンの『第5番』のピアノ協奏曲は『皇帝』という名前で超有名だが、『第4番』もすごいらしい」「シューマンのピアノ協奏曲は『ウルトラセブン』（TBS系、1967–68年）の最終回で流れた曲らしい」「ベートーヴェンには三大ピアノ・ソナタというすごい名曲があるらしい」など、ちょっぴりクラシックのファンっぽくなってきます。そうしてやがて、「ブラームスの『ヴァイオリン協奏曲』は最後にすごい美しい楽章があるらしい」「リヒャルト・ワーグナーはオペラばかり書いていたらしいが、そのなかにとてつもなく長い曲があるらしい」「ショパンには『別れの曲』や『ノクターン』以外にもいろいろすごい曲があるらしい」などの情報も入ってくるようになります。

　しかし、あんまり目移りしてはいけません。まずは交響曲を制覇すること。それがいま松本兄弟が目指すべき道です。協奏曲やピアノやオペラはその次。

　そうしたなか、兄から有用な情報が入ってきました。

「メンデルスゾーンやシューマンの交響曲は、わりとわかりやすくてロマンチックらしいぞ。いまのわれわれにはちょうどいいかもしれない」

「ふむふむ、メンデルスゾーンやシューマンというのは比較的聞いたことがある名前。すごい交響曲を書いててもおかしくない」

　どうやら、メンデルスゾーンは『交響曲第3番イ短調「スコットランド」』『交響曲第4番イ長調「イタリア」』、シューマンは『交響曲第1番変ロ長調「春」』『交響曲第3番変ホ長調「ライン」』などが有名らしくて、これらは初心者が中級に向かうにはぴったりの曲だというのです。ということで、さっそくその2つの曲のレコードを買いにいきました。そうしたら、ビンゴだったんです。すっごくよかったんです！　私たちが聴いたのは、メンデルスゾーンの『交響曲第4番「イタリア」』

ロベルト・シューマン
（1810-56）

フェリックス・メンデルスゾーン
（1809-47）

とシューマンの『交響曲第3番「ライン」』のアルバムでしたが、これがまあ、かっこよくてロマンチックでファッショナブルで気品があって最高。まだこんな名曲があったのか、という感じです。さすがメンデルスゾーン、さすがシューマン。とにかくどちらも息もつかせぬ展開であっという間に全楽章30分、聴かせてくれるんです。こんな魅力的ですてきな曲があるのなら、もっと早く教えてくれよ、という感じ。

　爽快ですがすがしい、クラスの人気者のような愛すべき2曲

でした。

10　命を懸けたような音楽『悲愴』

　話は変わりますが、松本兄弟の母親はお琴の先生でした。そんなこともあって、松本兄弟は小さいころから家で年がら年中、邦楽を聴いて育ちました。で、母親の合奏団に尺八のお兄さんがいました。本職は医者です。そのお兄さんが、松本兄弟がクラシックにはまっているということを耳にして、3本のカセットテープをプレゼントしてくれたんです。そのお兄さんもクラシック・ファンだったんですね。

　3本のテープに入っていたのは、アントニオ・ヴィヴァルディの『四季』とベートーヴェンの『田園』、そしてチャイコフスキーの『悲愴』でした。どれも名前は知っている有名曲です。ありがたいです！

　ヴィヴァルディの『四季』は、日本人がいちばん知っているクラシックといっていいでしょう。

　これは交響曲ではありませんが、まるで情景が浮かんでくるような鮮やかな音楽。舞踏的で感情の起伏が激しくて、交響曲とはまた違った魅力。なんというんでしょう、基本的にベートーヴェンやブラームスとは目指しているものが違う感じ、というのでしょうか。

　実はヴィヴァルディが活躍したのはバッハと同じ時代。先ほど、バッハが生きていた当時はまだ交響曲の時代ではなかった、という話をしました。ヴィヴァルディもバッハと同じ時代

の人なので、やはり「これぞ交響曲！」というものは書いていません。それになによりこの『四季』を聴けば、確かに交響曲はヴィヴァルディとは違う時代の作品だという気がすると思います。

　一方、ベートーヴェン『田園』。これはまさしく交響曲。『交響曲第6番「田園」』なんです。ところがあら不思議、この曲は交響曲なのになんとなく『運命』やブラームスの『交響曲第1番』よりも先ほどの『四季』に近い感じ。自然の描写とか、わかりやすさや親しみやすさというのが『四季』に共通しているんです。のどかな田園風景の音楽があったり、とってもこわい大嵐の音楽があったり、それが過ぎ去ってほっとする音楽があったり。そういう身近な音楽なのです。こういう交響曲もあるんですね。

　実はこの曲に対して作曲者のベートーヴェン自身は「これは単なる自然の描写の音楽ではない、自然のなかにいる人間の心情を描いた哲学的なものだ」というようなことを言っています。だけど、あまり小難しいことを言わなくても、自然と人間を見事に描いたとてもよくできた音楽かなと思います。ベートーヴェンの交響曲のなかで最初に聴くならこの曲といわれていますが、確かにそうかもしれません。

　というわけで、『四季』と『田園』はどちらも優しく親しくこちらに近寄ってきてくれました。

　ところが。最後のチャイコフスキーの『交響曲第6番「悲愴」』。これは……そうはいきませんでした。

　『運命』やブラームスの『第1番』とは違うんですが、簡単には入っていけない。難解とか近寄りがたいとかいうのとは違う

のですが、なんか簡単になかに入れてくれない。ぱっと聴いた感じでは派手で華やかで起伏があって、エネルギッシュで退屈しない。でも、なんか仲良くなれる感じではないんです。どこか違和感があるんです。自分を理解し愛してくれたものだけがそのなかに入れるといったらいいのか、そんな感情的バリアがある。

　それに、この曲を聴いているとふと思うんです。「この人、なにか訳があってこの曲を書いたんじゃないか」。なんかそういうことを思わせる一種独特の感性。いままでクラシックを聴いて、交響曲を聴いて、そんなことを考えた経験は一度もありませんでした。この人、生きてるんだ。この人何か考えてるんだ。この人、何か思いつめてるんだ。もちろん確証などありません。すぐにインターネットで調べられる時代でもない。図書館に行って調べても、通り一遍のことしか書いていない。だからこの曲を書いたときの作曲者チャイコフスキーの意図なんかわかりません。

　そしてこの終楽章。ありえません。だって、通常、交響曲の終楽章というのは、ど派手にドカーンと終わるのが普通。「ジャジャジャジャーン！」そして大拍手！……というのが普通です。なのに、この『悲愴』、最後、静かに静かにまるで死ぬように終わるんです。これを書いてそのまま息絶えたんじゃないかというように。

　もう少し大きな図書館で調べてみました、すると本当に、この曲を書いた９日後にチャイコフスキーは死んでいたのです。死ぬようにじゃなくて、ほんとに死んでいたのです。それって、この曲を書いているときもうすぐ自分が死ぬことがわかっ

ていたか、あるいは、書き終わった
ら死ぬつもりだったか、どちらかっ
てことじゃないですか。これ、どう
見ても遺書じゃないですか。そうじ
ゃないとこんな曲は書けない。とし
たらこの曲を聴くときは、聴いてい
るほうもそのつもりで、そのくらい
の覚悟をもって聴かないといけない
んじゃないか。

ピョートル・チャイコフスキー
（1840－93）

　この曲を聴いてはじめて知りました。クラシックの曲には命
を懸けたような音楽があるということを。そして、聴くこちら
もただの鑑賞者ではない、生きるか死ぬかの覚悟でその作曲者
の思いに寄り添わなければならない、そういう曲がある、と。

　ただ「聴いて楽しい」、ただ「聴いて癒やされる」、じゃな
い、聴く側も人生を賭けるべき命懸けの音楽。

　クラシックを聴くというのは、そんな甘いものではないのか
もしれない。いまでもこの曲の終楽章を聴くときは、厳粛な気
持ちになります。

11　宵闇のブラームス『交響曲第4番』

　さあこのころになってくると、ずいぶん聴いてきた感じがし
ます。松本兄弟の家のレコード棚に並んでいるのはこんなレパ
ートリー。

シューベルト『交響曲第８番「未完成」』

ブラームス『交響曲第１番』

ベートーヴェン『交響曲第９番「合唱付き」』

ドヴォルザーク『交響曲第８番』

モーツァルト『交響曲第40番』

メンデルスゾーン『交響曲第４番「イタリア」』

シューマン『交響曲第３番「ライン」』

　なかなか壮観じゃないですか。さらに、尺八のお兄さんからもらったテープで繰り返し聴いたベートーヴェンの『交響曲第６番「田園」』とチャイコフスキーの『交響曲第６番「悲愴」』を改めてレコードで買い直してからは、怒濤の勢いでどんどん有名曲が加わります。先ほどとてもすてきだったと言ったメンデルスゾーンとシューマン、今度は新たにメンデルスゾーン『交響曲第３番「スコットランド」』とシューマン『交響曲第１番「春」』を買ってきました。

　先ほどのメンデルスゾーンの『イタリア』もシューマンの『ライン』もロマン派交響曲の典型といえる曲でしたが、この『スコットランド』と『春』も負けていません。勇壮なかっこよさ、甘いロマン、切ない抒情、美しいメロディー、心地よいリズム……交響曲に期待するいろいろな素材がこれでもかと盛り込まれた傑作なんです。クラシックの初心者であっても、ためらうことなくすぐに聴いてみてほしいと思います。

　そして、少し長大な作品だったので理解するまで時間はかかったけれど、気づいたら意外に親しみやすかったシューベルト『交響曲第９番「グレイト」』。これも名曲にふさわしい堂々た

る大作でした。

　そんなとき、ここでまた美しい楽章に出合います。こんな美しい曲を交響曲に入れていいのか。こんな美しい曲はドヴォルザークの『第8番』の第3楽章以来、という名曲中の名曲。それが、ブラームスの『交響曲第3番』第3楽章でした。おそらく誰もが一度は耳にしたことがあるか、なくても一度聴けばその美しさに魅了される、そんな名曲。イングリッド・バーグマンの映画『さよならをもう一度』（監督：アナトール・リトヴァク、1961年）で使われたというのもうなずけるような、甘い甘い音楽です。久々に「聴きたいところがある曲」作戦を思い出させてくれて、この楽章を聴きたいばかりに何度も何度も全曲を聴いてしまいました。

　それにしてもブラームス。『第1番』ではあんなに重量級超本格派だったのに、こんなさりげなく美しい交響曲も書いていたなんて。この『第3番』は第3楽章以外の楽章もとても親しみやすくて、あっという間に愛聴曲になりました。

　『第3番』がいい感じだったので『第2番』はどうだろうかと聴いてみたら、『第3番』のような突出したロマンチックな楽章はないものの、全体を通してなら『第2番』のほうがさらに抒情的で優美で可憐でした。この交響曲もそれほど抵抗なくすんなり入ってきました。

　『第2番』と『第3番』は、まるでよく似た兄弟のようです。だから、いつも対にして聴いたような覚えがあります。

　とすると残りは『第4番』。ブラームスは4曲の交響曲を書いているのです。

　『第4番』はブラームス最後の交響曲です。『第1番』のよう

な深い哲学性をもった曲ではなく、かといって『第２番』『第３番』のようなさりげなく、甘い愛らしい作品でもなく、雄大なロマンをたたえた大河ドラマのような交響曲。

　この曲のすごさを思い知ったのは、少しあとになります。高校１年か２年のとき。春か秋の夜、NHKFMで、発売されたばかりのレコードを紹介する番組がありました。そこで、ブラームスの『交響曲第４番』の新しいレコードの紹介で流れたのですが、これがすばらしい演奏でした。それまでもこの曲は何回も聴いていたはずなのに、その演奏、とくに第４楽章のわびしさ、寂しさ、切なさ、深さ、それらをこんなふうに表現してくれたらなあという期待を何倍も上回るようなすばらしい演奏です。

　宵闇のなかで、「このまま終わらないでくれ」と願いながら音楽を聴いたのは生まれて初めてだったのではないでしょうか。終わったあとも放心状態で、しばらく動悸が止まりませんでした。それがカルロス・クライバーという指揮者とウィーン・フィルの演奏でした。いまでもそれ以上の演奏には出合えていません。

　少年時代の松本兄弟は、１つの曲について１つのレコードしか持たず、演奏を聴き比べるところまではいっていませんでした。でもそのカルロス・クライバーの演奏は、指揮者によってこんなに曲の印象が変わるのか、そんなことを初めて教えてくれたのでした。

12 人生を回顧する豊かで深い音楽、ドヴォルザーク『交響曲第9番「新世界より」』

　さて、ここで交響曲人気投票をすると、たいていベスト５に入る作品がドヴォルザーク『交響曲第９番「新世界より」』です。でも、これが、松本兄弟は苦手でした。どう言えばいいのか。生意気にも、簡単すぎると感じてしまったんです。あまりにもわかりやすすぎて、しかもポピュラーすぎたからでした。

　この曲はドヴォルザークがニューヨークにある音楽院の院長に招かれていたときに作った、アメリカ文化にインスパイアされた交響曲。第２楽章は、「家路」とか「遠き山に日は落ちて」といった歌に編曲されていて、小学校や中学校の下校時間のBGMに使われることも多く、聴き覚えのある方は多いと思います。どうでしょうか、いろんな交響曲がありますが、そのなかでは最も親しみやすい作品といっていいかもしれません。

　半面あまりにもポピュラーな音楽がかえってクラシックらしさを台無しにしているようで、２人はこの曲があまり好きではありませんでした。レコードさえ買わず、エアチェックですませた覚えがあります。どこかで、「なんだ、『新世界』なんて」という思いがあったように思います。

　そんな思いが間違いであることに気づいたのはずっとあとになって、クラウス・テンシュテットが指揮した演奏を聴いたときでした。

　それまでは第２楽章が始まるとしらけた気持ちになったのに、テンシュテットが指揮した第２楽章では、これまでにないような心の動きを感じたのです。それは、下校時に流れる歌で

はなく、人生を回顧する豊かで深い音楽。いままで軽んじていたおなじみの旋律が、テンシュテットの演奏では、慈しむように大切に大切に奏でられ、こちらの心を深く優しく大きく包んでくれるのです。この曲はこんなに熱く優しく、そしてこんなにもいとおしい作品だったか。同じ音楽であっても演奏する人でこんなに違うのか。

　先ほど、カルロス・クライバー指揮のブラームス『交響曲第4番』を聴いて、指揮者によってこんなに曲の印象が変わるのかと書きました。この『新世界』でも同じような体験をすることになります。

　若いうちは1つの曲をいろいろな演奏家で楽しむという余裕はありませんでしたが、クラシック音楽の奥の深さを思い知ったのが、この2つの演奏だったといっていいでしょう。

　ただ、繰り返しますが、『新世界』のすごさとすばらしさを知ったのは、時系列的にはかなりあとになってからになります。

13　全編聴きどころ満載、チャイコフスキー『交響曲第5番』

　さて、このころになると、有名作曲家が書いた交響曲のなかで、まだ聴いていなかったものを次々聴くようになっていきます。シューベルトの素朴で可憐な『第5番』、カッコいい『第6番』、シューマンの文学的な『第2番』、劇的でとても盛り上がる『第4番』などもカタログに加わりました。

　そのなかでも松本兄弟がはまったのが、チャイコフスキーで

した。まず『第4番』でしょう。

とにかく派手。とにかく華やか。あの『第6番「悲愴」』の悲痛な苦悩の片鱗などどこにもない、どこまでもどこまでも突き抜けるような華麗さ。豪壮で大胆でどこか異国的な作り。

凱旋行進曲のような勇ましく突き抜けた第1楽章。切なくセンチメンタルだけど、よくできたバレエのワンシーンのようにドラマチックな第2楽章。愛らしくちょっとおどけた第3楽章。そして、これまで聴いてきたすべての交響曲のなかでも最も華やかでぶっ飛んだ終楽章。ここまで聴く人を爽快に追い込むか。まるでスポーツの勝ちゲームを観ているようです。

これはベートーヴェンやモーツァルトなどとはまったく違う人種、別の世界の音楽です。チャイコフスキーはロシア人。ベートーヴェンやモーツァルトとはやはり別の国の人なんだ。そういうことを強烈に教えてくれたのがこの『第4番』でした。

それが、その次の『第5番』になるともう少し常識的になるのですが、しかし、その魅力は少しも衰えません。いえ、より一層万人に愛される魅力を身に付けたといっていいかもしれません。一段ギアが上がったというのでしょうか。『第6番「悲愴」』は、先ほどお話ししたようにあまりに壮絶なので気軽に聴く曲ではないと思います。対して、『第5番』はすべての悩みを突き抜けて歓喜にいたる究極のカタルシス交響曲。ですから、聴いた誰もを幸福で満たしてくれるんです。だって、第3楽章なんてワルツなんですよ!

ロシアの個性的で民族的な要素を保ちながら、伝統的なドイツやオーストリアの要素も無理なく包含できる。自分のやりたいことを追いかけながら、同時に聴く人の趣味嗜好もちゃんと

押さえられる。芸術の世界とエンターテイナーの世界、あるいは聖と俗の世界を絶妙なバランスで盛り付けることができる。そんな奇跡的な芸当をこなせる人がチャイコフスキー。

『第5番』は『第4番』ほどはじけてはいませんが、とにかく全編聴きどころ満載で、聴く人を絶対に飽きさせないサービス満点の交響曲です。

第1楽章でとぼとぼと始まった旋律が（本当に「とぼとぼ」なんです）その後いろいろな形で姿を現し、ときに煩悶しながら、ときに逡巡しながら、終楽章ではまるで凱歌のように壮麗華麗に鳴り響いて終わる。

この曲は30代後半、人生最大の失敗から極度のノイローゼになって、逃亡者か巡礼者のような生活を送っていたチャイコフスキーが10年かかってようやく復活し、未来への希望と運命への勝利を確信したときに書いた、まさに「希望」と「勝利」の交響曲。終わった瞬間に「うぉー」と雄たけびを上げたくなります。

ベートーヴェンやモーツァルトとは全然違うのに、明らかに違う種類の音楽なのに、これはこれで間違いなくすごい交響曲。交響曲というジャンルはドイツ・オーストリアの作曲家によって確立し、発展してきました。ロシアのチャイコフスキーの交響曲はいわば正統派から外れるかもしれませんが、「いや、これこそが主流」とクラシックの歴史の流れを変えてしまいかねない存在感を放っています。

この『第5番』はとくに松本兄弟の兄を刺激したらしく、冷静な兄が珍しく上気しながら「だいすけ！　チャイコフスキーの『5番』という曲はすごいぞ！」と叫んでいたことを思い出

します。

　そんなわけで、チャイコフスキーの『4番』『5番』『6番』という交響曲は相当なエネルギーと衝撃をもった作品として、松本兄弟のクラシックの歴史に刻まれることになります。

14　ハイドンはまだ?

　　モーツァルト『交響曲第40番』
　　ベートーヴェン『交響曲第6番』『9番』
　　シューベルト『交響曲第5番』『6番』『8番』『9番』
　　メンデルスゾーン『交響曲第3番』『4番』
　　シューマン『交響曲第1番』『2番』『3番』『4番』
　　ブラームス『交響曲第1番』『2番』『3番』『4番』
　　チャイコフスキー『交響曲第4番』『5番』『6番』
　　ドヴォルザーク『交響曲第8番』『9番』

　どうでしょう、大作曲家たちの有名交響曲をずいぶん制覇してきました。そのなかで、あまり聴いていなかった有名作曲家がハイドンです。「交響曲の父」と呼ばれるハイドン。100以上の交響曲を作っています。で、ハイドン、実は早い段階でレコードも買っていたのですが、よくわからなかった。決して難解なわけでもないし、面白い曲もある。『第94番「驚愕」』なんて途中ですごいびっくりの仕掛けがあってまさに「驚愕」でした。

　でも最後のほうのよく知られた『第100番「軍隊」』『第101

番「時計」』『第103番「太鼓連打」』などは、聴く分にはすーっと聴けて何の問題もないのですが、とてつもない感動や心の動きを呼び起こすというわけでもありませんでした。少年にはまだ早かったのでしょうか。

　ハイドン最後の『交響曲第104番「ロンドン」』なども、大人の交響曲だなあ、しぶいなあ、通向けだなあ、と思った記憶があります。がっしりとした構成に、よけいな感情表現を見せない旋律、無駄を省いた均整の取れたスタイル。でも聴いている少年たちにとって、入ってはいけないような大人の社交場に来てしまった、そんな印象でした。

　逆に少年たちがハイドンのすごさに驚嘆したのは、書籍などでほとんど紹介されていない中期の作品。『第44番「悲しみ」』『第49番「受難」』、あるいはひどいネーミングになっている『第83番「めんどり」』。これらの曲は、悲痛だったり、崇高だったり、ムチャクチャかっこよかったりして、とてもキャラクターが濃いんです。なので後期の完成されすぎた作品よりもずいぶん魅力的に感じたものでした。

　ハイドンの後期のがっしりした交響曲の魅力がたまらないという方も多いでしょう。でもあまり余計なことを言ってはいけないのですが、ハイドンの後期交響曲を聴いて「なんとなく親しみがわかない」と思ったら、ぜひ中期の作品にチャレンジすることをお勧めします。ハイドンは中期の熱い時代を過ぎて、あの晩年の完成された作品を生み出すにいたったわけです。だから、中期の作品からも後期の作品につながる味わいが感じられるかと思います。

　ただ、誤解を恐れずに言いますが、「交響曲の父はハイドン

かー！」と言って安直にこの人の交響曲から入ると、なんだかよくわからないまま終わってしまう可能性があります。聴きどきがあるんです。というのも、ハイドンは非常に通向けの、酸いも甘いもかみ分けた大人の交響曲だからです。ひょっとすると、人生最後にたどり着くのがこの人の後期交響曲かもしれません。

フランツ・ヨーゼフ・ハイドン
（1732－1809）

15 モーツァルトって、すごいです。 なんというか、超越してるんです

　さあ、いよいよ松本兄弟の交響曲探しの旅も大きなピークを迎えつつあります。

　こうしたなかで、ついに欠けていたモーツァルトの交響曲を集中的に聴く機会が訪れます。例の「聴きたいところがある曲を探す」というアンテナに、モーツァルトのある交響曲が引っかかったのです。『交響曲第25番』第1楽章。

　この激しく劇的な始まりは一体何なのでしょう。先ほどハイドンの中期の交響曲が「熱い」と言いましたが、比べようもない壮大さです。荒れ狂う海原、逆巻く嵐、とんでもない一大事に巻き込まれてしまった主人公の姿が見えるようです。交響曲のワンシーンでこんなに心臓がドキドキしたのは初めてです。のちに映画『アマデウス』（監督：ミロス・フォアマン、1984年）がこの曲をオープニングで使ったのもうなずけます。

この『第25番』を書いたとき、モーツァルトはまだ17歳！しかし、このころすでに大巨匠の名を手にしていました。やはり天才だったんですね。

　さあ、そうなってくると、いつか聴きかけて挫折していた『交響曲第41番「ジュピター」』にもう一度挑戦するしかありません。松本兄弟、その頃『交響曲第40番』だけは大好きで何度も聴いていたんですが、それ以外の交響曲は『ジュピター』を含め、聴けないでいました。本気で近寄らなかったというか。でも今回『25番』にすっかり感動した松本兄弟、勢いに乗って『ジュピター』に立ち向かう決心をしたのです。

　さあ、再びこの大曲に挑むときがきました。『ジュピター』。すると不思議なことが。『25番』に魅せられたせいでしょうか、あるいは同時期に作られたハイドンの交響曲を続けて聴いてきたせいでしょうか。『ジュピター』の印象が以前聴いたときとずいぶん違っていたのです。前はどこか遠い存在だったのですが、今回は違う。面白い。ワクワクする。キリリと引き締まってスマートで、でも野心的でカリスマ性があって、目的のためには何でもするぞ、という熱い若者のような。

　前回聴いたときみたいにおっかなびっくり、巨大な石像を前にしてひれ伏すような感じではなく、一人の人間、ひとつの人生を前にしたようなギラギラした臨場感、緊迫感を感じたのです。

　これが『ジュピター』か。まあモーツァルトが命名したわけではないにしても、そんな名前をつけられる理由がわかったような気がしました。

　しかし、それから不思議なことが起こります。一体どういう

わけなのか、『ジュピター』がわかるようになってから、いままでどうも近寄りがたかったモーツァルトの交響曲が、どれもみんな生き生きした命あふれる傑作として、心にスルスル入ってくるようになったのです。

　たとえば『交響曲第31番「パリ」』。全編息をつかせぬ発想と旋律にあふれた青年モーツァルトのまぎれもない傑作。これ以降もモーツァルトはたくさんのすばらしい交響曲を生み出しますが、この曲ほど「天才の意地」のようなものを感じさせる作品はありません。モーツァルトとしては珍しく何度も推敲に推敲を重ねたらしいのですが、まるで聴く者をねじ伏せるかのように次々と魅力的な場面を盛り込んできます。私はモーツァルトの交響曲のなかではこの曲がいちばん好きです。

『交響曲第34番』もすごいです。とくに第1楽章は、かっこよさで選べばモーツァルトの交響曲のなかで一、二を争うのではないかと思います。さらに、推進力と覇気という点なら「ぶちきれた舞踏音楽」とでもいうべき終楽章は随一。こんなすごい交響曲が後期六大交響曲に埋もれて案外見過ごされているとは、なんとももったいない話です。

　そしてここからが後期六大交響曲。『第35番』『36番』『38番』『39番』『40番』『41番「ジュピター」』（『37番』は欠番と思っていいです）。

『交響曲第35番「ハフナー」』。一見おだやかな貴族的作品のようでいて、その奥にクールな凶暴さをのぞかせる。美しき獣、野蛮な優雅さというのでしょうか。とくに終楽章はギュルギュルとものすごい推進力で進みます。むちゃくちゃかっこいい。わずか20分のなかに、こんな凄絶な世界を凝縮するなん

て。

『交響曲第36番「リンツ」』。わずか4日で書いたとされる作品です。そのためか、刹那的な生命感にあふれています。第1楽章、第4楽章のスピーディーでアグレッシブな展開はあっけにとられるほど。こんな傑作をわずか4日で書き上げたとはなんともすごいといわれますが、逆に一気に書き上げたからこういう音楽ができあがったのではないでしょうか。モーツァルトに聞いたら「4日もかからなかったよ」とか言われるかもしれません。

『交響曲第38番「プラハ」』。そのころ歌劇『フィガロの結婚』がプラハで大成功していました。モーツァルトはプラハで自ら『フィガロの結婚』を指揮しています。『38番』は、歌劇の上演に先立って演奏されました。『フィガロ』が大好きなプラハのみんなへのおみやげですね。そんなエピソードからもうかがえるように、とっても歌心にあふれたオペラチックな作品になっています。一部に『フィガロ』の音楽が取り込まれていますので、プラハの観客たちは、オペラの前にこの壮大な予告篇的交響曲を聴いて大喜びしたことでしょう。そんなワクワク感たっぷりの交響曲です。

『交響曲第39番』。後期六大交響曲のなかでも『第39番』『40番』『41番「ジュピター」』は、とくに「後期三大交響曲」と呼ばれています。そのなかで、『40番』はその美しさ、『41番「ジュピター」』はそのカリスマ的性格から圧倒的な人気を誇っています。ですが、案外この『39番』を愛するモーツァルト・ファンは多いのではないでしょうか。晴れやかで朗らかな曲ですが、それなのに、描写も表現もできないのです。これま

での作品も、そしてこのあとの２曲もいろいろ性格を描写したり、その曲の印象を表現したりすることができるのに、この曲だけはできない。あらゆる物質概念・思想体験からまったく隔絶した、音楽だけによって構築された「音楽完全体」とでもいいましょうか。だからこそ、この『39番』にはモーツァルトのすべてがあるのかもしれません。

　モーツァルトって、すごいです。いろんなものを、超越してるんです。松本兄弟も、ようやくその片鱗がわかりかけた気がしました。

16　人類の歴史の変化を 芸術化した作品『英雄』

　さあ、こうなってくると残るはベートーヴェンです。

　だって、まだ『第６番』と『第９番』しかまともに聴いていないんですから。クラシック最大の作曲家といわれ、交響曲の最大の立役者であるベートーヴェン、その『第１番』『２番』『３番』『４番』『５番』『７番』『８番』をこれまで聴いていないわけです。でも、口幅ったいことを言うようですが、おそらく待っていたのだと思います。ベートーヴェンをちゃんと聴けるようになるのをじっと待ちわびていたのです。

　そうしてようやく、時期がきたと思ったのでしょう。モーツァルトをいろいろ聴いた松本兄弟はついに立ち上がります。ベートーヴェンを聴くぞ、と。

　まず聴いたのは『第３番「英雄」』でした。これは、満を持して覚悟して聴いたつもりでしたが、それでもかなり手ごわか

った。そんな甘くはなかったのです。

あれだけさんざんいろいろな交響曲を聴いてきたはずの松本兄弟でしたが、そんなやすやすと耳に入ってくるような曲ではありませんでした。だって、全曲で50分。しかも美しいメロディーで人を酔わせるような場面は皆無。全編全力疾走全力闘争。まったく気を抜く暇がない。あえて言えば第2楽章が「葬送行進曲」でゆるやかなのですが、でも「葬送」の曲なんですから、気を抜けるはずがない。癒やされる余裕なんて与えてくれない。

そもそもこの曲は、世界の歴史をひっくり返したナポレオンに贈ろうとしたものです。だから『英雄』。そんなとんでもない曲を、一介の少年たちがおいそれと理解できるはずがありません……と思っていたのですが。これがやっぱり鍛錬のなせる業なのか。それとも、やはりそういうふうにベートーヴェンが作っているというか。聴いているうちにだんだんわかってくるんですね。

まずこの曲がもつ雄渾さ、偉大さ。確かにこの曲、ぶっちゃけ何から何まですべてデカい。そのデカさ、雄大さがかっこいい。それまでの交響曲では聴いたことがないような壮大さにしびれました。そしてこの曲がもつ熱い野心、ギラギラした闘争心、いろいろな伝統、慣習、道徳などに縛り付けられていたそれまでの社会を全部ぶち壊してやろうという大きな野望を感じてワクワクするんです。初めて聴いたときから、この曲は何かとてつもないエネルギーをはらんでいる、と肌で感じたのを覚えています。

実際のところ、クラシックの歴史はこの曲から大きく変わり

ます。ベートーヴェンの作品が音楽の歴史を変えるのです。そ
れまでの王や貴族などのご意向をうかがって作っていた時代か
ら、「おれは自分が作りたいものを作る」という時代になって
いく。当時の大きな時代の変化、その節目に登場した革命的作
品。ヨーロッパの革命を音楽で体現した作品。人類の歴史の変
化を芸術化した作品。そして音楽の歴史をも変えてしまった作
品。そんなすさまじさ、恐ろしさ、そしてとてつもないスケー
ルをもった作品。それがベートーヴェンの『交響曲第3番「英
雄」』。そんな交響曲があるのです。

17　ベートーヴェン、残りの交響曲も
　　一気に攻め込む

　こうなってくるとベートーヴェンの残りの交響曲も一気に攻
め込むしかありません。いまこそそのときです。一気にいきま
しょう。

　次に聴いたのは『第1番』と『第2番』。当たり前ですが、
先ほどの『第3番「英雄」』よりも前に作られた曲で、まだベ
ートーヴェンが若いときに書いた、革命期よりも前の作品で
す。まだまだ王侯、貴族が支配する社会でしたから、作品には
「つつしんで作りましたのでお受け取りください」という雰囲
気が漂っています。ですからこの2曲、雰囲気はハイドンやモ
ーツァルトに似ています。『第3番「英雄」』『第5番「運命」』
『第9番』にだけ慣れ親しんだ人にこの『第1番』『第2番』を
聴かせて、はたしてこの曲の作曲家がベートーヴェンだとわか
るでしょうか。

とはいうものの、ベートーヴェンの作品にはモーツァルトの『ジュピター』とは違った力強さがあります。優雅さや気楽さのなかにどこか緊張感もあって、迫りくる革命期を予兆するような部分もあります。この２曲は作品のスタイルが決まる前のベートーヴェンの最高傑作だから、逆にこの２曲を偏愛するファンも多いくらいです。そんなことを思いながら聴いてみると、またちょっと違って聞こえてくると思います。

　さあ、この『第１番』『第２番』のあとに先ほどの『英雄』がくるわけですが、その『英雄』のあとが『第４番』です。どうでしょう、『交響曲第４番』。もちろんベートーヴェンの交響曲ですから偉大な作品だということは間違いありませんが、『英雄』や『運命』『田園』『第７番』『第９番』などと比べたら認知度が低いかもしれません。でも私、ベートーヴェンの交響曲で最も好きなのはこの『第４番』なんです。

　濃い霧がたれこめ、人類の苦悩を一身に背負っているような長い長い序奏。それが一気に晴れ、明るく力強い世界が訪れるその瞬間！　いまでもベートーヴェンの交響曲全集のCDが出ると真っ先に聴くのはこの『第４番』です。『第４番』のこの冒頭部分をちゃんと表現できていない指揮者は、正直そのほかの曲も厳しいです。実際、すばらしい指揮者でこの『第４番』をないがしろにした人はまずいません。

　ベートーヴェンの交響曲を『田園』で始めた人は、ぜひ次にこの『第４番』を聴いてみてください。人気、知名度とは裏腹に非常に親しみやすく、ベートーヴェンの交響曲のなかでも屈指の魅力をもつ作品だと思います。

　そしてこの『第４番』のあとが『第５番「運命」』、そして

『第６番「田園」』。その次が『第７番』となります。『第７番』は『のだめカンタービレ』（フジテレビ系、2006年）というドラマで印象的に使われて、それ以来日本でもよく聴かれるようになりました。それにしても、この曲のポップさはどうでしょう。初めての方でも３、４回も聴けば「わかる」のではないでしょうか。誰かが「これはダンス・ミュージックだ！」と言っていましたが、それもあながちはずれではありません。

　第１楽章の冒頭から爆発的な始まり方で聴く者を驚かせてくれますが、そのあとのワクワク感も交響曲の世界では随一です。始まりそうで始まらなくて、でもようやくゆるゆ～る始まって、「あ、なーんだ、こんな軽～い始まり方か……」と思ったら、そこでドッカーンと大爆発。こんな楽しい交響曲、あったでしょうか！

　そんな楽しい交響曲なんですが、第２楽章が葬送行進曲。『英雄』と一緒ですね。でも『英雄』の葬送行進曲は重々しく引きずるような曲で「これは間違いなくとても偉い人のための葬送曲」なのだろうと思いますが、『第７番』の葬送行進曲はなんとなく違うんです。美しくて清らかで気品があって、まるで舞踏会のホールの隅で一人静かに美しい貴婦人の死を悼むような。その貴婦人の肖像画の前で、誰にも知られず涙を流しているかのような。美しく、悲しく、そして愛にあふれているんですね。

『英雄』の葬送行進曲に「尊敬」や「敬意」はあっても、「愛情」はあまり感じません。でもこの『第７番』の葬送行進曲には「愛情」や「惜別」の思いが込められている。ここで悼んでいるのは、歴史的な偉人ではなく、もっと個人的な誰かだろう

という思いを抱かせてくれます。

　そして、軽快で起伏が激しい第３楽章を経て始まる第４楽章（終楽章）。第３楽章の終わり方からして、さあ、次いっくぞー！というワクワク感満載。

　そしてズダダダンと始まる第４楽章は、これがまあクラシック史上に残る「ダンス・ミュージック」。ほんとに「ダンス・ミュージック」なんです。もう狂気乱舞。これを当時聴いた人たちはどう思ったのでしょう。いま聴いてもこんなにすさまじいのに！　ワーグナーはこの曲について「聖なる運動の権化」「優美淫楽な踊り」と形容しましたが、うまいこと言いますね。この終楽章では音楽に合わせて体が勝手に動いてしまうので、コンサート会場で聴くときなどは気をつけないといけません。でも、自宅で聴く分には誰の目もはばからず踊り狂っていいのではないでしょうか。実際、私はこれを聴きながらよく踊っています。

　そんな超アグレッシブな『第７番』の次が『第８番』。これはある意味『第４番』以上に地味な存在かもしれません。『第３番』から『第７番』まで、音楽史を変えるような作品を書き続けたベートーヴェンが、この『第８番』では突然古典的なスタイルに戻ってしまいます。『第１番』『第２番』、あるいはハイドン、モーツァルト。もちろん一度『英雄』で音楽的革命を経験しているベートーヴェンなので完全に戻ることはないのですが、素朴で率直でおとなしく、すーっと聴ける交響曲です。一説によると、この曲はベートーヴェンが生涯愛した女性に対する何かの暗号を託したということですから、われわれが知らない謎が秘められているのかもしれません。この曲がいちばん

好きというベートーヴェン・ファンがいるのも不思議ではありません。

『交響曲第８番』は波瀾万丈、いくつもの大海原を経験した船乗りが、旅先で立ち寄った美しく小さな港街で冒険に疲れた体をつかの間休めているような、そんな感じでしょうか。

さあ、そんなわけでベートーヴェンの交響曲、これで『第１番』『２番』『３番』『４番』『６番』『７番』『８番』『９番』まで聴いたわけです。やったじゃないですか！

18　そして『運命』

そして、松本兄弟はベートーヴェンの交響曲を８曲聴きました。どれも愛聴曲になりました。残るは１曲です。松本兄弟が最初に出合ったクラシックの曲であり、同時に彼らを完膚なきまでに叩きのめした、あの曲。

ベートーヴェンの『交響曲第５番「運命」』。

どうでしょう、最初に聴いてから２年はたっているでしょうか。私は中学３年に、兄は高校２年に。そのあいだに聴いたクラシックの曲は数知れず。買いそろえたレコードもほぼ毎月１、２枚ずつ増えてきて、いまでは40枚近くになっています。もうそろそろあのにっくき相手、あの手ごわい相手に再挑戦してもいいころではないでしょうか。

では、いってみましょうか。ベートーヴェンの『交響曲第５番「運命」』。

聴くのはもちろんあのときのレコード。ヴィルヘルム・フル

トヴェングラー指揮、ウィーン・フィルハーモニー管弦楽団。何年ぶりでしょう。勇気を振り絞ってターンテーブルに載せます。そうしたら。もう、冒頭から違っていました。違う曲のようでした。兄弟の耳は2年前とは違っていました。最初の「ジャジャジャジャーン」が、もうあのときの「ジャジャジャジャーン」ではない。「ジャジャジャジャーン」と始まった時点から、すでに次がどんな展開になるのかを耳が頭が体が待ち受けているのです。

　2年前は「ジャジャジャジャーン」だけしか耳に入らなかったし、実はそれさえもなんだかわけがわからなかった。でもいまは違う。「ジャジャジャジャーン」がきた瞬間に、それを受け止め、咀嚼し、次の展開を先取りしているのです。「ジャジャジャジャーン」を組み合わせ、変形させ、積み重ねることで、どこまで人の心を揺さぶってくれるのか。この楽章はその天才的なアレンジを堪能する曲、そんなことを本能的に察知しているわけです。松本兄弟、この2年間で成長していたんです。2年前にはまったく仕留められなかった獲物をギラリ見据えている、そんな感じ。

　なので第1楽章8分間が終わったときは、「あ、もう終わってしまった」とさえ感じました。もったいなさと充実感を感じていました。この曲を真正面からきっちり受け止めて、正々堂々と立ち向かうことができたんです。勝ち取ったという感じです。

　それは、2年前まったく意味不明だった第2楽章でもそうです。「美しいメロディーなんてない」と思っていたのに、豪胆で重厚な骨太の旋律が幾重にも積み重なり、緊迫感あふれる音

楽を作り上げます。意味不明どころか、その重々しくも美しい緊張感に圧倒されて息をのむ11分間。そして第3楽章、あの「ジャジャジャジャーン」が別の形で登場して、まだ引っ張るのかと思いながら、それが高らかに上の次元まで引き上げられ、さあ、どうなる！といったところ、驚天動地の出来事が！第3楽章は6分で終わるはずが、終わらないのです。そのまま第4楽章に入ってしまうんです。しかもそれがもう圧倒的大迫力。第3楽章の終わり、ベートーヴェン、わざわざ1分くらいかけて、じわじわじわじわ音楽を盛り上げて引っ張って、そこから盛り上がって盛り上がってまだまだ盛り上がって、そして最頂点に達したところでドッカーンと第4楽章が始まるんです。新時代の幕開け、輝かしい勝利の歌、あらぶる命の誕生！

　しかし、そこからがすごい。『運命』はここからなんです。もうクライマックスの連続。何度も何度も訪れる劇的な展開に、聴いているほうはもう終わるかもう終わるか、これ以上もう盛り上がれないだろう、もう無理だろう、もう終わるだろう、と思うのに、そこをあえて寸前で止めて、こちらをジリジリ欲求不満にさせ、へとへとに疲労困憊させて精神の限界にもっていった最後の最後にやってくるんです。極限的・最終的、天と地がひっくり返るような大クライマックスが。もう半端じゃないです、このラスト。カタルシス大爆発大噴火。

　断言します。クラシックでここまで人の心を焦らし、翻弄し、しかし最後の最後に大爆発させ大満足させる曲はありません。ベートーヴェンの『交響曲第5番「運命」』。だからクラシック最高の曲なんです。いまだからこそ断言します。クラシック最高の曲はこの曲だと。

松本兄弟、クラシックを聴き始めて２年。ようやくクラシック音楽の最高峰にたどり着いたのです。

　　ハイドン『交響曲第44番』『49番』『83番』『94番』『100番』
　　　『101番』『102番』『103番』『104番』
　　モーツァルト『交響曲第25番』『31番』『34番』『35番』『36番』
　　　『38番』『39番』『40番』『41番』
　　ベートーヴェン『交響曲第１番』『２番』『３番』『４番』『５
　　　番』『６番』『７番』『８番』『９番』
　　シューベルト『交響曲第５番』『６番』『８番』『９番』
　　メンデルスゾーン『交響曲第３番』『４番』
　　シューマン『交響曲第１番』『２番』『３番』『４番』
　　ブラームス『交響曲第１番』『２番』『３番』『４番』
　　チャイコフスキー『交響曲第４番』『５番』『６番』
　　ドヴォルザーク『交響曲第８番』『９番』

　さあ、ということでこのあたりで松本兄弟の交響曲の旅、第
１章の終わりです。いかがでしょうか、クラシック音楽の中心
となる交響曲の代表的作曲家、代表的作品、そのだいたいのイ
メージがつかめたでしょうか。
　さて、兄弟のその後をすぐにお話ししたいところですが、そ
の前にお話ししておかなければならないことがあります。それ
が第２章です。どうか、引き続きお読みください。

第2章

交響曲を
書かなかった
作曲家たち

第1章では、松本兄弟のクラシック史をたどりながらハイドンからドヴォルザークまでたくさんの作曲家の交響曲を紹介しました。松本兄弟は、最後には宿敵（?）『運命』もついに聴き通すことができました。

　さて、ここから第2章です。この第2章では、交響曲を書かなかった大作曲家についてお話ししていきます。

　私は「まえがき」で「交響曲を書いた大作曲家を追えば、クラシックの歴史をおおまかにさらうことができる」と言いました。ただ、そうはいっても、交響曲を書いていない作曲家もいます。しかも、なかにはものすごい人たちがいます。ですから、その人たちについて何も語らずに素通りしてしまうのは、やはりちょっとまずいのではないか。

　ということで、第2章では、交響曲を書かなかった大作曲家が「なぜ交響曲を書かなかったのか」という理由をお話ししながら、同時に交響曲とは何かを追求してみたいと思います。

　ではさっそくいってみましょう。なぜ彼らは交響曲を書かなかったのか。ここで登場するのは、アリアCD店主である私とアリアCD店のスタッフ女子「ドニャ」です。

1　交響曲とは?
　　そして交響曲を書かなかった作曲家

ドニャ●「そもそも交響曲って何なんですか?」

松本●「いきなりそこにきたか。でもそれは難しいなあ、説明できん」

ドニャ●「そんな」

松本●「「そもそも人間とは」って聞かれても答えられないだろ?」

ドニャ●「そりゃあ、そうですけど。でも、なんかわかりやすい定義とかないんですか?」

松本●「うーん、定義かあ。なくはないが、「オーケストラによって演奏される、原則として４つ程度の楽章によって構成される大規模楽曲で、ソナタ形式の楽章を含む」といわれてもよくわからんだろ?」

ドニャ●「はい、まったくわかりません」

松本●「まあ、あえて言うなら、作曲家が交響曲と名づけたものが交響曲」

ドニャ●「なんか突き放された感じです。寂しいです」

松本●「でも実際そうなんだ。うーん、じゃあ漠然としたイメージでいくか。えっと、オーケストラの……オーケストラってわかるよな?」

ドニャ●「はい、ステージの上でヴァイオリンとかトランペットとかたくさんの楽器が並んでる、あれですよね」

松本●「そうそう、指揮者がいて「ジャジャーン」ってやる、あれね。交響曲というのは、あのオーケストラが演奏する曲のなかで最も中心的な地位を占める作品群、といった感じかな」

ドニャ●「むむー。わかるようなわからないような。じゃあ交響曲以外にもオーケストラの曲ってあるんですか?」

松本●「ほら、ピアノ協奏曲とかヴァイオリン協奏曲とかってあるだろ?」

ドニャ●「はい」

松本●「あれもオーケストラ曲」

ドニャ●「あれ、交響曲と協奏曲って違うんでしたっけ」

松本●「違う。オーケストラの前でピアノやヴァイオリンが主役を張ってるのが協奏曲。交響曲はオーケストラしかいない。オーケストラ全部が主役なんだ」

ドニャ●「えー、ピアノ交響曲とかってないんでしたっけ? ヴァイオリン交響曲とか」

松本●「ない! まあ、よく聞かれるんだけどな、「セルゲイ・ラフマニノフのピアノ交響曲ください」って。それは協奏曲だ」

ドニャ●「ふーん、そうなんだ」

松本●「あとはバレエ曲やウィンナ・ワルツもオーケストラ曲。ほかにも分類不能なオーケストラ曲は山のようにある。そんななか交響曲は、オーケストラ曲のなかにデデーンと君臨する王様みたいな存在なんだ」

ドニャ●「へー」

松本●「いや、オーケストラ曲だけじゃない、クラシックの作品全体のなかでも交響曲は王様といっていい」

ドニャ●「そうなんですか」

松本●「たとえばクラシックの曲を説明する本だと、まず最初の章は交響曲になる。作品カタログを作るときでも最初は交響曲。誰かの作品を語るときもまずは交響曲。とにかく、まず何はともあれ交響曲なんだ」

ドニャ●「へー」

松本●「だから「クラシック・ファンですが、交響曲は聴きません」つーわけにはいかない」

ドニャ●「あらま」

松本●「「クラシック・ファンですが、交響曲はあまり知りませ

ん」つーわけにはいかない」

ドニャ●「あらま。でも、なんかちょっといばってる感じですね」

松本●「まあ、それだけの立場なんだ。横綱みたいなものかな。交響曲という土台がドドーンと存在することで、クラシックの世界全体が成り立っているとさえいえる」

ドニャ●「でも、交響曲を書いていない作曲家もいますよね」

松本●「お、鋭いね。いるよね、わりと」

ドニャ●「ショパンとか書いてないですよね」

松本●「そうそう」

ドニャ●「でも、すごい人気あるじゃないですか」

松本●「じゃあ、交響曲を書いていない作曲家について話してみようか」

ドニャ●「いいですね。知りたいです」

松本●「そんじゃあ、交響曲を書いてない作曲家について話そうと思うんだけど、それは、とどのつまり、彼らがなぜ交響曲を書かなかったのか、という話になるんだ」

ドニャ●「はあ」

松本●「彼らは訳があって交響曲を書かなかった、あるいは書けなかったということ。じゃあ、まずこの話からいこうか」

2　まだ交響曲がなかった

● バッハとヴィヴァルディは交響曲を書いていない

松本●「まず、交響曲を書かなかった理由、その１「まだ交響曲

がなかった」」

ドニャ●「へ?」

松本●「たとえば、バッハが活躍した時代はまだ交響曲というものがなかったんだ」

ドニャ●「え、そうなんですか」

松本●「まあ、交響曲の原型と言えるものはあったんだけど、まだ「ザ・交響曲！」みたいなのはなかった。ちょっとこの表を見てほしいんだが」

交響曲なし	1700−50年	ヴィヴァルディ（1678−1741） ヨハン・ゼバスティアン・バッハ（1685−1750）
交響曲あり	1750−1800年	ハイドン（1732−1809） モーツァルト（1756−91）
	1800−50年	ベートーヴェン（1770−1827） シューベルト（1797−1828） メンデルスゾーン（1809−47） シューマン（1810−56）
	1850−1900年	ブラームス（1833−97） チャイコフスキー（1840−93） ドヴォルザーク（1841−1904）

松本●「大作曲家たちが活躍した年代を、50年ごとに時代分けしてみた。おおまかにだけど」

ドニャ●「はい」

松本●「これを見ても、交響曲が登場するのはハイドン以降だってわかるだろ」

ドニャ●「ほんとだ」

松本●「じゃあもっと昔にさかのぼって書き加えてみよう。1600年からだ。すごいぞー」

● その前の作曲家も交響曲は書いてない

交響曲なし	1600–50年	クラウディオ・モンテヴェルディ（1567–1643） ジローラモ・フレスコバルディ（1583–1643）
	1650–1700年	ジャン゠バティスト・リュリ（1632–87） ディートリヒ・ブクステフーデ（1637–1707） マルカントワーヌ・シャルパンティエ（1644–1704） アルカンジェロ・コレッリ（1653–1713） ヘンリー・パーセル（1659–95） アレッサンドロ・スカルラッティ（1660–1725） フランソワ・クープラン（1668–1733）
	1700–50年	ヴィヴァルディ（1678–1741） ゲオルク・フィリップ・テレマン（1681–1767） ジャン゠フィリップ・ラモー（1683–1764） ドメニコ・スカルラッティ（1685–1757） ゲオルク・フリードリヒ・ヘンデル（1685–1759） ヨハン・ゼバスティアン・バッハ（1685–1750） フランチェスコ・ジェミニアーニ（1687–1762） ジャン゠マリー・ルクレール（1697–1764）
交響曲あり	◎1700–50年	ジョヴァンニ・バッティスタ・サンマルティーニ（1701ごろ–75） カール・フィリップ・エマヌエル・バッハ（1714–88） ヨハン・シュターミッツ（1717–57）
	1750–1800年	ハイドン（1732–1809） ヨハン・クリスティアン・バッハ（1735–82） モーツァルト（1756–91）
	1800–50年	ベートーヴェン（1770–1827） シューベルト（1797–1828） メンデルスゾーン（1809–47） シューマン（1810–56）
	1850–1900年	ブラームス（1833–97） チャイコフスキー（1840–93） ドヴォルザーク（1841–1904）

ドニャ●「わ、一気に増えましたね。いっぱいすぎて目がちかちかします」

松本●「そうか、そうだよな……。ハイドンの前にもこんなにたくさんの作曲家がいたわけだ」

ドニャ●「ですね」

松本●「でもこれを見ると、1700年よりも前に生まれた人たちは、ヴィヴァルディやバッハを含めてみんな交響曲は書いていないのがわかるだろう。モンテヴェルディもリュリもコレッリもテレマンもラモーも交響曲は書いていない」

ドニャ●「へー」

松本●「ところが、◎印のところを見てほしいんだが、1700年よりもあとに生まれたサンマルティーニやシュターミッツ、そしてバッハの息子などは交響曲を書いてる!!」

ドニャ●「ふむふむ」

松本●「ここ◎の時代で、ついに交響曲を書く人が現れたわけだ!　もちろん1700年以降に生まれた人がみんな交響曲を書いたわけじゃないが、バッハとハイドンの間の◎の時代に交響曲が登場し始めたというのはなんとなくわかるだろ?」

ドニャ●「はい、イメージとしてわかります」

● では前の人たちは何を書いたのか

「でも、◎よりも前の世代の人たち、……たくさんいるよな」

ドニャ●「はい。すっごくいました。名前はほとんど知りませんが」

松本●「じゃあその人たちは何を作っていたのかと思わないか? どんな曲を作っていたのかと?」

ドニャ●「確かに。何を作っていたんですか?　交響曲書かないで何を?」

松本●「じゃあ、そこんところをちょっと話してみようか。あまり難しくならないように」

ドニャ●「はい、お願いします」

ドニャ●「まず覚えておいてほしいんだが、この1600年から1750年までの150年間を、音楽用語的にはバロック時代と呼ぶ。モーツァルトやベートーヴェンよりも前の時代だ」

ドニャ●「バロック?」

松本●「そう、バロック時代。この言葉はクラシックの話をすれば必ず出てくるので覚えておいたほうがいい。バロック、バロック、バロックと10回言ってみ」

ドニャ●「バロック、バロック、バロック、バラック、バロック、バロック、バロック、バロック、バロック、バロック」

松本●「途中1回バラックになってたぞ」

ドニャ●「あれ、どっちでしたっけ」

松本●「バロック!」

ドニャ●「はい、バロック」

松本●「で、このバロック時代には大きな特徴があるんだ」

ドニャ●「特徴?」

● バロック時代の特徴とは!?

松本●「1600年から1750年までの150年間、ヨーロッパはどんな時代だったかわかるか?」

ドニャ●「え〜?　どんな時代……、えっと……、かろうじて知っているのは、フランス革命が確か1700年代?」

松本●「いや、それ、1750年よりあと。1789年。でもいいヒントだ。フランス革命って何の革命だった?」

ドニャ●「えーと、王様や王女様が殺されたんですよね」

松本●「そうそう、つまり?」

ドニャ●「つまり? えっと『ベルサイユのばら』みたいな」

松本●「そうそう、それだ。つまりフランス革命というのは、フランスの巨大&絶対的な王朝だったブルボン朝を倒した市民革命だったんだ」

ドニャ●「へー、明治維新みたいな?」

松本●「まあ、江戸幕府という巨大権力を倒したという意味では同じかもしれない。じゃあ、フランス革命が市民革命だったとしたら、それまでの時代はどんな時代だったんだ?」

ドニャ●「えっと……そのブルボンの時代?」

松本●「なんかおいしそうだな。でも確かにそう、そうなんだ、フランスならブルボン朝の時代、つまり王様や貴族たちの時代だった。たとえば、当時のヨーロッパの有名な王様や女王様をあげるとこんな人たちが出てくる。フェリペ2世(1527-98)、エリザベス1世(1533-1603)、ルイ14世(1638-1715)、フリードリヒ2世(1712-86)、マリア・テレジア(1717-80)、エカチェリーナ2世(1729-96)、この1600年から1750年の150年間は、ヨーロッパでは貴族や王様たちが非常に大きな権力と財力をもっていたんだ」

ドニャ●「へー、そうなんですね」

● 貴族や王様が強大な権力をもっていた時代の音楽とは

松本●「とすると、そのころの音楽というのは、どういう音楽に

なると思う?」

ドニャ●「え?　え?」

松本●「どうだ?　当時絶大な権力と富をもっていたのは貴族や王様たちだぞ」

ドニャ●「えっと、キンキンギラギラの音楽でしょうか」

松本●「そう！　そのころの音楽というのは、全部が全部そうではないけど、貴族や王様たちが作らせた宮廷音楽がメインストリームだった。わかるだろう?」

ドニャ●「そういうものですか」

松本●「そう。彼らは音楽が大好きだったし、すばらしい音楽を作り、すばらしい演奏をさせることで、まわりの人々に自分たちの権威を見せつけることができた。だから当時のほとんどの宮廷には音楽が満ちあふれていた。このバロック時代の音楽の中心は「宮廷のための音楽」だったんだ」

ドニャ●「へー」

松本●「で、そんな彼らのリクエストで作られたのが、大きく2つある。ひとつがBGM的に楽しむ楽器の曲や歌。もうひとつが観て楽しい、聴いて楽しい、そしてより豪華なお祭りとなるオペラだった。あ、オペラはわかるか?」

ドニャ●「はい、舞台の上で歌ったりするお芝居ですよね」

松本●「そうそう、そのオペラっていうのは、このバロック時代に生まれたんだ。この時代の宮廷は好んでオペラを作らせた。いまは残念ながらこの時代のオペラはあまり上演されないが、当時はたっくさんのオペラが作られてる」

ドニャ●「そうなんですか。オペラってそんな昔からあったんですね」

松本●「というか、オペラこそバロック時代最大最高の音楽だった。音楽芸術の中心だった。ヘンデルだってヴィヴァルディだって、たくさんのオペラを残してるんだ」

ドニャ●「ヴィヴァルディも?」

松本●「そうだ。そしていろんな宮廷の人たちが、自分たちの宮廷のオペラをよりすばらしいものにしようとしたからこそ、この時代に、楽器も、演奏技術も、作曲技術も急速に進化していった。音楽っていうのは、ポカーンとしている間になんとなく進歩したわけじゃない。誰かが強い意志をもって、お金をつぎ込んで進化させていったんだ」

ドニャ●「はいー」

松本●「当時の王様や貴族たちは「あそこの宮廷よりももっといい作品を、もっとうまい演奏家を、もっといい楽器を!」と貪欲に漁りまくった。お金を出しまくった。おそらく、当時の貴族たちはみんな音楽のことばかり考えていたんじゃないか。貴族はマウンティングこそ生きがいという生き物だからな。しかし、いずれにせよ、その後のクラシック音楽の発展があるのは、この時代に王様や貴族たちがたくさんのお金をつぎ込んでくれたおかげだったといっていいだろう」

ドニャ●「そうだったんですね。そんなことがあったとは……。ありがたいです」

松本●「で、ここで交響曲の話に戻るが、確かにこのバロック時代、交響曲はまだない。しかし、オペラの前座のような楽曲としてシンフォニアが生まれ、それがやがて長い時間を経て次第に交響曲に変わっていくんだけど、それはまたあとで話す」

ドニャ●「はい、でもいずれにしてもこの時代に交響曲はまだな

かったんですね」

● その前の時代はどんな音楽が作られていたか

松本●「さて。せっかくだからもうちょっと時代をさかのぼって
みないか」

ドニャ●「え?」

松本●「今度はこの表を見てみてくれ。さっきの表に、さらに昔
の人たちを追加してみた。1600年よりも前のクラシック音楽
の作曲家たちだ。○印が今回新たに追加した年代だ」

交響曲なし 1600年まで	○1200年	グレゴリオ聖歌（9世紀後半−） レオニヌス（12世紀後半）
	○1200−1300年	ペロティヌス（12世紀後半−13世紀前半）
	○1300−1400年	ギヨーム・ド・マショー（1300ごろ−77） フランチェスコ・ランディーニ（1325ごろ−97）
	○1400−1500年	ジョン・ダンスタブル（1380ごろ−1453） ギヨーム・デュファイ（1397−1474） ジル・バンショワ（1400ごろ−60） ヨハネス・オケゲム（1430−95） ジョスカン・デ・プレ（1450−1521） ピエール・ド・ラ=リュー（1460ごろ−1518）
	○1500−50年	クレマン・ジャヌカン（1485ごろ−1558） トマス・タリス（1505−85） ジョヴァンニ・ダ・パレストリーナ（1525−94） オルランド・ディ・ラッソ（1532−94）
	○1550−1600年	ウィリアム・バード（1543−1623） トマス・ルイス・デ・ビクトリア（1548−1611） カルロ・ジェズアルド（1560−1613） ヤン・ピーテルスゾーン・スウェーリンク（1562 −1621） ジョン・ダウランド（1562−1626） ミヒャエル・プレトリウス（1571−1621）

交響曲なし バロック: 1600-1750年	1600-50年	モンテヴェルディ（1567-1643） フレスコバルディ（1583-1643）
	1650-1700年	リュリ（1632-87） ブクステフーデ（1637-1707） シャルパンティエ（1644-1704） コレッリ（1653-1713） パーセル（1659-95） アレッサンドロ・スカルラッティ（1660-1725） クープラン（1668-1733）
	1700-50年	ヴィヴァルディ（1678-1741） テレマン（1681-1767） ラモー（1683-1764） ドメニコ・スカルラッティ（1685-1757） ヘンデル（1685-1759） ヨハン・ゼバスティアン・バッハ（1685-1750） ジェミニアーニ（1687-1762） ルクレール（1697-1764）
交響曲あり 次の時代	1750-1800年	サンマルティーニ（1701ごろ-75） カール・フィリップ・エマヌエル・バッハ（1714-88） シュターミッツ（1717-57） ハイドン（1732-1809） ヨハン・クリスティアン・バッハ（1735-82） モーツァルト（1756-91）
	1800-50年	ベートーヴェン（1770-1827） シューベルト（1797-1828） メンデルスゾーン（1809-47） シューマン（1810-56）
	1850-1900年	ブラームス（1833-97） チャイコフスキー（1840-93） ドヴォルザーク（1841-1904）

ドニャ●「ギャーッ、ず、ず、ずいぶん追加しましたね、400年もですよ！　ちょっとやりすぎでは!?」

松本●「まあまあ。実はこの新しく追加した〇印の400年間、この時代の音楽を中世・ルネサンスの音楽と呼ぶんだが」

ドニャ●「中世・ルネサンスの音楽ですか」

松本●「そうだ、中世・ルネサンスの音楽。言ってみ」

ドニャ●「中世・ルネサンスの音楽、中世・ルネサンスの音楽、中世・ルネサンスの音楽」

松本●「そう。でな、この中世・ルネサンスの時代、なんかすごいだろ？ 数百年にわたってたくさんの作曲家が登場してる」

ドニャ●「ちょっと多すぎじゃないですか」

松本●「まあ、あまりなじみがないしな。ただ、この時代は音楽の歴史にとって非常に重要なんだ。そして、どうしても覚えておいてほしいことがあるんだ」

ドニャ●「なんですか」

松本●「この中世・ルネサンスの時代にも、大きな特徴があったんだ」

ドニャ●「大きな特徴？」

松本●「さっきのバロックの大きな特徴は、貴族や王様が大きな権力をもっていた、ということだったよな？」

ドニャ●「はい、で、彼らが音楽を作らせていたから、バロック時代は宮廷音楽がメインだったんですよね」

松本●「そう、では今回新たに登場した、バロックよりも前の中世・ルネサンスだが、このころはどんな時代だったかというと」

ドニャ●「なんですか？」

松本●「キリスト教の時代だったんだ」

ドニャ●「え？」

松本●「教会がめちゃくちゃ強かったんだ。王様や貴族といえども教会には逆らえない。まあそれくらい、とにかく良くも悪くもキリスト教がヨーロッパの中心だったんだ」

ドニャ●「へー」

松本●「そしてそんな時代に、教会はキリスト教を信仰してもらうために、ものすごい勢いで教会音楽を作っていた」

ドニャ●「そうなんですね」

松本●「だからこの時代の音楽は、ほぼほぼキリスト教の音楽だった。もちろん、それ以外にもいろんな音楽は作られていたけれど、この時代の音楽のメインはとにかくキリスト教の音楽、なんせキリスト教の音楽。これがこの時代のメイン中のメイン、音楽の中心だったんだ」

ドニャ●「交響曲とかは……」

松本●「もちろん、ない！ というか、このころのキリスト教の音楽は基本的に合唱だけなので、楽器が登場する幕は少ない。この時代、楽器はあまり重視されていないんだ」

ドニャ●「へー、あ、でもそういえば教会で歌われる曲って、オルガンと合唱だけだったような」

ドニャ●「いいか、もう一度言う。中世・ルネサンスの音楽というのはほとんどキリスト教のための合唱曲ばかりだった。それくらい極端に考えてもいい。いや、それくらいに考えたほうが理解しやすい」

ドニャ●「は、はい」

松本●「でもな、この時代の音楽、1600年よりも前の大昔の音楽だから、すごく原始的だったり初歩的な音楽だと思ってないか？」

ドニャ●「え？　そうは言いませんが、でもやっぱり500年も前の音楽だからそうかも、とは思います」

松本●「それが違うんだ！」

ドニャ●「そんな誘導尋問的に答えさせといていきなり否定されても」

松本●「500年前の音楽とはいえ、この時代の作曲技法というのは恐ろしく高度だったんだ」

ドニャ●「は、はあ……」

松本●「中世・ルネサンスの音楽の時代に音楽は一度頂点を迎えた、というのは頭に入れておいてほしい」

● 中世・ルネサンスの音楽から
　バロック音楽にどうして変わったのか

ドニャ●「でもそんなすごい音楽が、どうして1600年になるとバロックの音楽に変わっていったんですか？」

松本●「もちろん、バロックの時代にも教会はそこそこ強い力をもっていたから教会音楽は残ってた。しかし、バロック時代のメインストリームは、やはり宮廷音楽だった。じゃあ、どうして音楽のメインが教会音楽から宮廷音楽に変わっていったのか、ということだな？　そこ気になるだろう？　それをいまから話そうと思ったんだ」

ドニャ●「はい……」

松本●「いいか、このころ時代が変わったんだ。そして音楽を求めている人が変わる、生み出す人が変わる。すなわち音楽が変わるときというのは、社会や時代が変わったときなんだ！」

ドニャ●「はい……」

松本●「それまでヨーロッパの権力のいちばん上にいたのは教会だった。ところがペストで多くの人が亡くなったり、十字軍が失敗したり長引いたり、イスラムの文化が入ってきたり、商人が台頭したりしていくなかで、教会の権威が落ちてきてしまう。一方、十字軍遠征によって逆に武力をもって、商人と結び付くことで経済力を身に付けてきたのが……」

ドニャ●「王様！」

松本●「そう、王様や貴族だったんだ。そうしてゆるゆるとヨーロッパの権力構造、社会構造が変わってきた。もちろんまだまだ教会も力をもっていた。しかし、王様や貴族が台頭し、彼らは盛大に音楽を生産・消費するようになり、音楽の中心が教会から宮廷に移っていった。その新しい音楽がバロック音楽だったんだ」

● 中世・ルネサンスの時代よりも前の音楽

ドニャ●「ところで、その、いま話してくれた……」

松本●「中世・ルネサンス」

ドニャ●「はい、その中世・ルネサンスよりも前はどうだったんですか?　どんな音楽があったんですか?」

松本●「それはわからないんだ」

ドニャ●「え?」

松本●「わからない」

ドニャ●「……て、それより前には音楽はなかったんですか?」

松本●「それはあっただろう。音楽は人間が存在するかぎり、いつもすぐそばにあったと思う。ただ、おれたちがそれら昔の音楽を聴けるようにするには、それらの音楽を再現するための楽

譜が必要だ」

ドニャ●「え、そうなんですか！」

松本●「そりゃそうだろ？　楽譜がなければ再現できない、そして再現できないといまのわれわれは聴けないわけだから」

ドニャ●「確かに」

松本●「しかし、いま話した中世よりも前の音楽になると楽譜が残っていないんだ。だからそれより過去にはさかのぼれない。つまり、いまのわれわれが楽しめるクラシック音楽はこの時代が最古なんだ」

ドニャ●「それは寂しいですね、紀元前3000年のクラシック音楽も聴きたかったです」

松本●「ほんとだな」

● バロック時代の次の次の時代は?

松本●「ということで、交響曲が作られるようになるまでのクラシック音楽の歴史をおおまかに見てきたわけだが、だいたいイメージとしてつかめたか?」

ドニャ●「中世・ルネサンスは教会の音楽、バロックは王様や貴族の音楽、でもまだ交響曲はなくて、そのあとの時代から交響曲が登場するんですね」

松本●「そう、それがわかっただけでもすごいぞ。で、ここでちょっと頭に入れておいてほしいのが、バロックのあと、ハイドン、モーツァルトやベートーヴェンの時代の名称」

ドニャ●「名称?」

松本●「ほら、日本の歴史でも平安時代とか江戸時代とかあるだろ?　音楽の歴史にも同じように時代の名称というのがあるん

だ」

ドニャ●「はあ」

松本●「中世・ルネサンス、そしてバロックというのもそういう時代の名称のひとつだったわけだ。で、中世・ルネサンス、そしてバロックの次に、また新しい時代がやってくるんだが、その新しい時代の名前が……」

ドニャ●「名前が!?」

松本●「古典派」

ドニャ●「こてんは?」

松本●「そう。古典派」

ドニャ●「なんか古そうですね」

松本●「そのままか。ハイドン、モーツァルト、そしてベートーヴェンの初期がこの時代にあたる」

ドニャ●「こ、古典派……ですか?」

松本●「そう古典派。言ってみ」

ドニャ●「古典派、古典派、古典派、こてんぱん」

松本●「ばかにしてるだろ?」

ドニャ●「ははは」

松本●「こら！　で、古典派な。で、さらにそのあと、古典派の次は、今度はシューベルト、メンデルスゾーン、ショパン、シューマンたちが登場する、その時代の名前が！」

ドニャ●「名前が!?」

松本●「ロマン派だ！」

ドニャ●「ロマン派!?」

松本●「そう、ロマン派」

ドニャ●「ロマン派、ロマン派、ロマン派、ロマン派、ロマン

派。なんかかっこいいです。ロマン派。えっと、中世・ルネサンス、バロック、それで古典派、そしてロマン派、ですか」

松本●「そう！　ゆっくりゆっくり歴史が進むなか、クラシック音楽の歴史もゆっくりゆっくり変化していったわけだ」

● どうして古典派の時代がきたのか

ドニャ●「でもよくわからないことが」

松本●「なに?」

ドニャ●「教会の力が弱くなって王様の力が強くなったから、中世・ルネサンスからバロックの時代に移ったというのはわかりました。でもそのあと、どうして古典派の時代がきたんですか?」

松本●「それをこれから話そうと思ったんだ。覚悟はいいか?」

ドニャ●「な、な、なんですか」

松本●「いいか、さっきも言っただろ?　音楽が変わるときというのは、社会や時代が変わったときだと！　今回も同じだ。この古典派の時代に、ヨーロッパで大きな変化が起こり始めたんだ」

ドニャ●「えっ……」

松本●「革命だ」

ドニャ●「あ、そうでした、革命！　さっきちらっとそんな話が」

松本●「そうだ、『ベルサイユのばら』な。このころ市民革命とか、全然タイプは違うが、産業革命などが起こった。で、ここでめっちゃくちゃ重要なことが起きたんだ。いいか、これは絶対に覚えておいてほしい」

ドニャ●「は、はい〜」

松本●「この当時の社会の大きな変動によって、ここで初めて教会、王様・貴族たちに次ぐ新しい勢力が誕生したんだ」

ドニャ●「新しい勢力?」

松本●「そう。それが何かわかるか?」

ドニャ●「えっと、ひょっとして私たちのような一般市民?」

松本●「お、わかっとるじゃないか。そう、そうなんだ。この時代、それまで抑圧され服従させられていた一般の人つまり市民たちが目覚め、富を得るようになっていった。なかには貴族よりも金持ちの人も出て政治や経済でも力をふるうようになる」

ドニャ●「そうなんですね!」

松本●「そうだ、で、そうなってくると彼らはどうする? なにがしたくなる?」

ドニャ●「え、どんちゃん騒ぎとか」

松本●「ま、まあそれもあるが、音楽を聴くようになるんだ。貴族や王様のようにな! 今度は自分たちも楽しむぞ!と」

ドニャ●「へー、そんなもんなんですね!」

松本●「そう、でもこれは音楽の歴史にとってめっちゃくちゃ重要なことなんだ。ここで教会、王様・貴族たちに次ぐ、音楽を消費して音楽にお金を出す第三勢力が登場したわけだからな」

ドニャ●「お金ですか」

松本●「そうだ、お金がポイントだ。お金がなければ音楽家は生活できないんだから、誰からお金をもらうかがすごく重要になってくる。で、繰り返すがこの時期、一般市民が自分たちの楽しみのためにお金を出せるようになってきたわけだ。ひょっとすると、教会や宮廷よりも一般市民のほうがお金を出してくれるかもしれん。そうなったらどうなる? 音楽家は市民の動向

を無視できなくなる。わかるだろ？　音楽家は、お金を出して
くれる一般市民の好みや流行を意識するようになっていくわけ
だ」

ドニャ●「あらま」

松本●「それまでなら、音楽家は教会や王様、貴族が作れと言っ
ていたものを職人のように作っていればよかった。サラリーマ
ンとしてな。言われたとおりにやっていればお金が入った。し
かし時代が変わってきた！　コンサートや楽譜で儲ける時代が
きた。そうなると音楽家は一般市民が好きになってくれそう
な、時代にマッチしたヒット曲、流行曲を作らなければならな
い。逆にそうした曲を作れば大儲けできる。そういう時代がや
ってきた」

ドニャ●「あらまらま」

松本●「古典派というのは、そんな新たな時代に変わりつつあっ
た過渡期の音楽、ロマン派はそれがさらに進行した時代の音
楽。そう考えるといい。そして、ここではあまり詳しく話さな
いけど、そのロマン派への移行を果たしたのがベートーヴェ
ンだったんだ。「ベートーヴェンは古典派ですかロマン派です
か」とときどき聞かれるけれど、そうじゃない。古典派からロ
マン派に時代を変えたのがベートーヴェンなんだ」

● どうして交響曲が作られるようになったのか

ドニャ●「なるほどー」

松本●「それでな、さっき、古典派の音楽家は新しい好みや流行
を取り入れる、という話をしただろ?」

ドニャ●「あ、はい」

松本●「その新しい流行に乗って人気が出たのが、交響曲だったわけだ」

ドニャ●「え！　じゃあ流行曲だったんですか、交響曲って！」

松本●「まあ、おおざっぱに言えばそうだ。実はそれまで交響曲、厳密にいうと交響曲の前身「シンフォニア」というのは、オペラの前座のことだったんだ」

ドニャ●「さっきちらっと言ってましたね。前座って序曲のことですか?　『フィガロの結婚』序曲みたいな!?」

松本●「うーん、そこまででもいかない。「これからみなさまお待ちかねのオペラが始まりますよー、じゃあ、その前にかる〜く楽器だけの曲でちょっと盛り上げましょう」、ってな。場を盛り上げるために誰のどんな曲でもいいからとりあえず演奏しとけ、という感じだ」

ドニャ●「あらま、なんでもいいんですか」

松本●「そう、ただの前座だからな。オペラでもパーティーでも何かのコンサートでもいい、とにかくシンフォニアというのは場を盛り上げるための始まりの曲だった。パンパカパーンみたいな」

ドニャ●「いまの交響曲とはずいぶんイメージが違いますね」

松本●「だろ?　ところが、時間がたつにつれてそのシンフォニアが進化していく。そうしたら、おいおい、シンフォニア、かっこいいじゃん、となっていく。オペラももちろんいいけど、シンフォニアだけでもよくない?という流れが生まれていく。それじゃあっていうんで、当初はあくまで始まりの音楽にすぎなかったシンフォニアはたくさんの作曲家の手によって次第次第に大きくなり、高度に発展し、気づいたら人気のジャンルに

なっていた。こうしてわれわれが知っている交響曲が生まれた
わけだ」

ドニャ●「へー！」

松本●「そして、ハイドンがロンドンで交響曲を披露して大成功
した。交響曲は儲かる、ということを実証した。モーツァルト
の後期三大交響曲も、実はロンドンで一発当ててやろう的な動
機で書かれた可能性が高い」

ドニャ●「そうなんですか」

松本●「ただそのころまではまだ「交響曲がクラシックの中心」
という感じではなかったんだが、そのあとベートーヴェンが出
てきて、『英雄』とか『運命』とか『第9』を作ったことで、
交響曲の価値が一気に高まって、クラシックの中心を獲得す
るようになった。そうなったら「交響曲＝シンフォニーは前
座」なんて誰も思わない。人気爆発！「これこそ音楽芸術の中
心！」というようになっていった」

ドニャ●「ふーん、いろいろあったけど、クラシックの歴史の流
れがついに交響曲までたどり着いたわけですね」

松本●「そういうことだ。それはまさに流行のなせる業だった。
てなわけで交響曲の謎を追求するふりをしてクラシックの歴史
を振り返ってみた」

ドニャ●「そういうことですか」

松本●「では、最後にもう一度言うぞ。ハイドンよりも前の時代
の人たちが交響曲を作らなかったのは、まだ交響曲が確立され
ていなかったから。だから交響曲を作ろうにも作れなかったわ
けだ」

ドニャ●「はい。なんか「交響曲を作らなかった作曲家」の話を

聞いたのに、交響曲のこともちょっとわかったような気がしました。ありがとうございました」

3　作ろうと思わなかった

松本●「そんじゃあ「交響曲を書いていない作曲家について　その2」に移ろうか」

ドニャ●「はい！」

松本●「「その1」は「まだ交響曲がなかった」だったよな」

ドニャ●「まだ交響曲が作られていなかった時代だったんですよね」

松本●「そう。交響曲を書かなかったというより、書こうにも交響曲そのものがない時代だった、と」

ドニャ●「はい、それは無理ですよね」

松本●「しかし、次は違う。同時代のほかの作曲家は交響曲を書いているのに、どういうわけか交響曲を書かなかった人たち。しかもかなりの大作曲家。その人たちはどうして交響曲を書かなかったか、という話だ」

ドニャ●「それは結構興味あります」

松本●「彼らが交響曲を書かなかったのは……。これだ。作ろうと思わなかった」

ドニャ●「えー、そんな。なんかちょっとおおざっぱというか、それはそうなんだろうけど……というまた突き放された感じです」

松本●「正直なやつだな。でもまあ、ほんとにこれなんだ。作ろ

うと思わなかった」

ドニャ●「はあ」

松本●「そうだな。たとえば日本のフォークソング大ブームのときでも、演歌だけを作ってる人っていたと思うんだよな」

ドニャ●「はいはい、なるほど」

松本●「もうわかったのか」

ドニャ●「なんとなく」

松本●「いくら時代が交響曲ブームになっても、『おれは交響曲なんか興味ない、おれは○○が好きなんだ』という人とか、もっとぶっちゃけて言えば『そもそも交響曲を作る必要性がなかった』ということもあったかもしれない」

ドニャ●「それは十分ありえるでしょうね。時代がフォークソング全盛でも、演歌を作るのが好きな人はいたでしょうし、ロックで人気が出た人もいるでしょうし、そういう人はフォークソングは作らないでしょうから」

松本●「そう、そんななかで、じゃあ、具体的にどんな人たちがどんな理由で『交響曲を作ろうと思わなかった』のかを見てみよう」

ドニャ●「それは面白そう」

● オペラは交響曲よりすごいか

松本●「まず、最初に思い浮かべるのはオペラ」

ドニャ●「オペラですか」

松本●「そう。さっきの『1　交響曲とは?　そして交響曲を書かなかった作曲家』のところで『クラシック・ファンですが、交響曲は聴きません、つーわけにはいかない』とか『クラシッ

ク・ファンですが、交響曲はあまり知りません、つーわけには
いかない」という話をしたのを覚えてるか?」

ドニャ●「なんとなくは」

松本●「それくらいクラシックの世界のなかで交響曲というのは
重要だという話なんだが、ところが、このオペラだけは別なん
だ」

ドニャ●「別、といいますと?」

松本●「そうだな、クラシックのなかで唯一交響曲と並び立つジ
ャンルなんだ。言い換えれば唯一「オペラは聴きますが、交響
曲は聴きません」ということが許されるジャンルなんだ」

ドニャ●「ジャンル?」

松本●「そう、クラシックには、交響曲とか、管弦楽曲とか、協
奏曲とか、室内楽曲とか、ピアノ曲とか、歌曲とか、合唱曲と
か、そういういろいろなジャンルがあって、そのなかにオペラ
もあるんだが、オペラだけは特別なんだ」

ドニャ●「うーん、わかりません」

松本●「言ってみればクラシックというのは、交響曲・管弦楽
曲・協奏曲・室内楽曲・ピアノ曲・歌曲・合唱曲vsオペラみた
いな構図なんだ」

ドニャ●「敵同士なんですか!?」

松本●「あ、いや、そこまでは言わないが、それくらいオペラと
いうのは特別なんだ。別格といってもいい」

ドニャ●「だって、さっきすごい勢いで「とにかく、まず何はと
もあれ交響曲なんだ!」とか言ってたのに、あのときの勢いは
どこにいったんですか。まるでオペラのほうが交響曲よりも強
そうじゃないですか」

松本●「ある意味そうかもしれん」

ドニャ●「えー、そんな軽々しく撤回しないでください〜」

松本●「だがな、1で話した、バロック時代の最大勢力はなんだったか覚えているか?」

ドニャ●「えーと、貴族や王様」

松本●「そう、で、その貴族や王様が好き好んで作らせていたのはなんだった?」

ドニャ●「オペラ!」

松本●「そう、そしてオペラこそがその後のクラシック音楽の礎を築いた、みたいなことを言っただろう?」

ドニャ●「はい」

松本●「だから交響曲なんかよりもオペラのほうが歴史も長く、そしてクラシック全体への貢献度はでかい」

ドニャ●「そんな……」

松本●「しかも、実はヨーロッパでは、いまもオペラは交響曲よりも人気があるんだ」

ドニャ●「えー、そうなんですか?」

松本●「そう、ヨーロッパでは「まずはオペラ!」というようなところがある。数万人規模の街なら、たいていオペラ劇場があるくらいなんだ」

● オペラ作曲家は交響曲を書いたか

松本●「で、それを頭に入れたうえで次の表を見てほしい。これは1750年以降、つまり交響曲が登場したあとのオペラの大作曲家を並べてみたんだが」

1750年以降に登場した「まさにオペラ大作曲家」

いわゆる「交響曲」は 書いていない人	ジョアキーノ・ロッシーニ（1792−1868、イタリア） ガエターノ・ドニゼッティ（1797−1848、イタリア） ジュゼッペ・ヴェルディ（1813−1901、イタリア） ジュール・マスネ（1842−1912、フランス） ルッジェーロ・レオンカヴァッロ（1857−1919、イ 　　タリア） ピエトロ・マスカーニ（1863−1945、イタリア） ジャコモ・プッチーニ（1858−1924、イタリア）
交響曲をほんのちょっと 書いた人	ヴィンチェンツォ・ベッリーニ（1801−35、イタリア） ワーグナー（1813−83、ドイツ） ジョルジュ・ビゼー（1835−75、フランス）
交響曲を 一応書いている人	シャルル・グノー（1818−93、フランス）
有名な交響曲を 書いている人	リヒャルト・シュトラウス（1864−1949、ドイツ）
有名な交響曲を 結構書いている人	モーツァルト（1756−91、オーストリア）

松本●「どうだろう、名前は知っているか?」

ドニャ●「そ、そうですね、知ってる人もちらほらいることはいますね」

松本●「この人たちは、オペラの大作曲家と呼ばれる人たちなんだけど、どうだ? この表を見ると、オペラの大作曲家って、交響曲を書いていないか、あるいはあまり力を入れていない人が多いのがわかるだろう? モーツァルトとリヒャルト・シュトラウスは例外として、それ以外の作曲家は交響曲とはほぼ無縁だ」

ドニャ●「プッチーニの交響曲ってないんですね」

松本●「ない。ロッシーニもヴェルディもドニゼッティも「ザ・交響曲」というのは書いていないんだよ。ベッリーニもビゼーも少しだけだし、ワーグナーは若いころに書いただけ。グノーも作ってはいるが、交響曲作家というところまではいかないわけだ」

ドニャ●「そうなんですか」

松本●「これを見れば、オペラ大作曲家の多くが交響曲にあまり興味がなかったことがわかると思う。オペラを作ることに全神経を集中していた、あるいはオペラだけの世界に住んでいたんだ」

ドニャ●「へー、まさに「交響曲なんて作ろうと思わなかった」わけですね」

松本●「そう。そして別の見方をすれば、音楽ファンも観客も、彼らに交響曲を作ることを望んではいなかった。だから彼らもわざわざ交響曲を書く必要がなかった」

ドニャ●「なるほど、でもモーツァルトは交響曲もオペラも両方で有名なんて、すごいですね」

松本●「まあ、この人は別格なんで……」

ドニャ●「でも、モーツァルトみたいにオペラも交響曲も両方書いている人はもっといそうな気がしますが」

松本●「そう、すばらしいオペラを書いた人で、なおかつほかのジャンルの作品も書いたという人はもちろんたくさんいる。この人たちがそうだ」

有名なオペラも書いた 大作曲家	ベートーヴェン（1770−1827、ドイツ・オーストリア） カール・マリア・フォン・ウェーバー（1786−1826、 　ドイツ・オーストリア） エクトル・ベルリオーズ（1803−69、フランス） ヨハン・シュトラウス2世（1825−99、ドイツ・オー 　ストリア） カミーユ・サン゠サーンス（1835−1921、フランス） モデスト・ムソルグスキー（1839−81、ロシア） チャイコフスキー（1840−93、ロシア） ドヴォルザーク（1841−1904、チェコ） ニコライ・リムスキー゠コルサコフ（1844−1908、ロシア） レオシュ・ヤナーチェク（1854−1928、チェコ） クロード・ドビュッシー（1862−1918、フランス） モーリス・ラヴェル（1875−1937、フランス） バルトーク・ベーラ（1881−1945、ハンガリー） アルバン・ベルク（1885−1935、ドイツ・オーストリア） セルゲイ・プロコフィエフ（1891−1953、ロシア・ソ連） ドミートリイ・ショスタコーヴィチ（1906−75、ロシア・ 　ソ連）

「わ、こんなにいるじゃないですか」

松本●「でもな、この人たちの名前を見て、「あ、オペラ作曲家」とは思わないんじゃないか」

ドニャ●「そうなんですか」

松本●「そう、この人たちは、有名なオペラも書いた大作曲家と言っていい。本職がオペラ作曲家じゃない。で、交響曲を書いている人も多い。ところが、繰り返すがさっきの表に載っている「まさにオペラ大作曲家！」という人たちのほとんどが交響曲を書いていない」

● 「オペラ大作曲家」はどこの国の人が多いか

松本●「とくに注目してほしいのが、イタリア」

ドニャ●「イタリア?」

松本●「そう。オペラ大作曲家はどこの国の人が多い?」

ドニャ●「あ、イタリア！」

松本●「で、この人たち、交響曲は?」

ドニャ●「ほとんど書いてません」

松本●「そうだろう？　イタリアのオペラ作曲家はオペラばっか
り書いてたんだ。交響曲とか協奏曲とかは書かない。オペラ、
オペラ、オペラ！　ロッシーニ、ドニゼッティ、ヴェルディ、
プッチーニ！　みんなオペラばっかりというか、イタリアと
いう国は、実は20世紀前半までずーっとオペラの国だったん
だ。国中がオペラ大好き国家だった。だからみんな交響曲なん
か書きゃしない」

ドニャ●「そうなんですか」

松本●「そう、実際イタリアからは有名な交響曲作曲家が出てき
ていないだろう？　そんなものに興味がないんだ」

ドニャ●「あらら、じゃあ、やっぱり「とにかくまず何はともあ
れ交響曲なんだ！」とか言ってたのに、イタリアではそうじゃ
なかったんですね」

松本●「そう。もちろん全然聴かれなかったわけじゃないんだ
が、でもイタリアの音楽のメインストリームはオペラであり続
けたんだ」

ドニャ●「ふーん」

松本●「だから、この人たちは交響曲を作ろうと思わなかった」

● オペラ以外を本職とした作曲家フレデリック・ショパン

松本●「作ろうと思わなかった人がいるという話は、オペラだけ

じゃない。続きがあるんだ」

ドニャ●「続きですか」

松本●「さっき、ショパンの話が出ただろう？　ショパンは交響曲を書いていない、と。で、「交響曲を作ろうと思わなかった」人の話には続きがあって、ここでショパンが登場する」

ドニャ●「はい」

松本●「ショパンは祖国ポーランドからパリに出てきて、パリの社交界で大成功した」

ドニャ●「そうなんですか」

松本●「そう、ピアノでね。ピアノ一本で大成功した。で、ショパンが成功した舞台がサロンだった。サロンってわかるか？」

ドニャ●「えっと、パーティーみたいな？」

松本●「そう、上流階級の人たちが集う社交場。そこでみんな酒を飲んだり議論したり、そして音楽を楽しんだりする。そうしたサロンでショパンは大成功した」

ドニャ●「はい」

松本●「そんなサロンの人気者がわざわざ交響曲を書く必要があるか？　サロンが開かれたのはちょっとした広間とか、こぢんまりした部屋だからな。ショパンならピアノ曲。百歩譲って歌曲、せいぜいチェロとの曲があれば十分。というか、みんなが求めているのはそういう曲だったし、ショパンもそういう曲を書くのが好きだった」

ドニャ●「そうだったんですね」

松本●「そう、だから交響曲なんか書く必要はなかった！　同じようなことは、パリのサロンでショパン最大のライバルだったフランツ・リストにも言える」

ドニャ●「リスト！　知ってます。『ラ・
カンパネッラ』の」

松本●「そう、リストもショパン同様、
パリのサロンの人気ピアニストだっ
たときは、オーケストラの曲なんか
書く必要がなかった。リストが交響
曲や交響詩といった代表的なオーケ
ストラ曲を始めたのは、サロンの生
活を脱したずっとあとのことなん
だ」

フレデリック・ショパン
（1810−49）

● オペラ以外を本職とした作曲家、ほかにも

松本●「そういう例はまだいくらでもある。たとえばウィンナ・
ワルツって知ってるか?」

ドニャ●「えっと、ワルツ……」

松本●「ウィーンを中心に19世紀に大爆発的ブームを起こした舞
踏音楽。ワルツもあるしポルカもあるが。このウィンナ・ワル
ツの大ブームによって、たっくさんの作品が生まれたんだが、
それらの作曲はほぼ専門的な人たちによって作られた。この表
を見てほしい。ウィンナ・ワルツの大家だ。

　　ヨーゼフ・ランナー（1801−43）

　　ヨハン・シュトラウス1世（1804−49）

　　ヨハン・シュトラウス2世（1825−99）

　　ヨーゼフ・シュトラウス（1827−70）

　下3人は父親と息子2人だが、有名なウィンナ・ワルツはほ
ぼこのシュトラウス家の3人によって書かれている。そしてこ

の３人は交響曲はおろか、協奏曲、室内楽にも手を出していない。まさにイタリア・オペラの作曲家と同じ状況なわけだ」

ドニャ●「そうなんですね」

松本●「ほかにもヴァイオリン曲なら、ニコロ・パガニーニ（1782-1840）、パブロ・サラサーテ（1844-1908）、フリッツ・クライスラー（1875-1962）という人たちがいるが、同じことだ。彼らはヴァイオリン命だった」

ドニャ●「ふーん」

松本●「ひとつの特定ジャンルで突出して大成功した人は、そのジャンルが得意なわけだし、社会からもそのジャンルの音楽を書くことを熱烈に求められるから、よほどのことがないかぎり他ジャンルに手を出さない。プロ野球で有名になった人がわざわざサッカーに手を出さないだろう?」

ドニャ●「なるほど」

松本●「だからこういう人たちは「交響曲を作ろうと思わなかった」というわけだ」

ドニャ●「当然と言えば当然ですね」

4 書きたくなかった

松本●「どうだ、交響曲を書かなかった作曲家、１と２はだいたいわかったか?」

ドニャ●「えっと、交響曲を書こうにもまだ交響曲のない時代だった、というのと、交響曲じゃない別のジャンルが得意だったので、交響曲を書こうと思わなかった、というのと」

松本●「そうそう、で、次が3番目だ」

ドニャ●「はい」

松本●「「交響曲を書かなかった作曲
家その3」は書きたくなかった」

ドニャ●「へ?」

松本●「交響曲なんか書きたくない、
という作曲家だ」

ドニャ●「え?」

松本●「交響曲なんか書いてたまる

クロード・ドビュッシー
（1862−1918）

か、書きたくない、という人たちが存在するんだ。オペラ作曲
家とかワルツの作曲家とかじゃない、普通にロマン派以降の作
曲家なのに」

ドニャ●「そんなわがままな」

松本●「だよな、普通なら真面目に交響曲とか書きそうだよな。
ところが書かないんだ。書きたくないんだ」

ドニャ●「誰ですか」

● 交響曲を書きたくなかった作曲家──フランス

松本●「おお、いきなり核心を突くなあ。たとえばフランス人」

ドニャ●「えっと……」

松本●「ドビュッシー」

ドニャ●「ああ、書いていないんですか。ドビュッシー、交響曲」

松本●「ラヴェル」

ドニャ●「ラヴェルもですか」

松本●「エリック・サティ」

ドニャ●「あ、書かなさそう」

松本●「このへんの連中はフランス近代の作曲家とかいわれるんだが、交響曲には見向きもしない」

ドニャ●「どうしてなんですか?」

松本●「実はもともとフランス人にはオペラを愛したり、サロンのかる〜い音楽を愛するような、音楽は娯楽、音楽は楽しむもの、というようなちょっと快楽主義的志向があったんだ」

ドニャ●「はあ、わかるような気も」

松本●「一方でドイツ音楽というのは、ベートーヴェンとかブラームスとかワーグナーとか、どうだ? ちょっと真面目で真剣で、音楽というのは正座して正装して黙って聴け、これは娯楽じゃない、芸術であり、哲学であり、精神性が高い崇高なものだ、というようなところがあった」

ドニャ●「それもわかるような気がします」

松本●「ただな、実は長い間フランスはドイツよりも格上だったんだ」

ドニャ●「え?」

松本●「フランスは数百年も前からヨーロッパの中心で、ドイツに比べれば常に政治的にも経済的にも芸術的にも文化的にも、いろんな面で優れているとされていた。だから、ドイツなんて相手にしてなかったんだ。ドイツ音楽にちょっとしたムーヴメントが起きたところで、そんなもん放っておけ、という風潮があった」

ドニャ●「それは知りませんでした」

松本●「しかし、1870年にフランスはそのドイツに戦争で負けてしまうんだ。さんざんばかにしてきたドイツに負けてしまう」

ドニャ●「そんなことがあったんですか」

松本●「そう、普仏戦争（1870—71年）というんだが、日本ではあまり詳しく教えない。で、その普仏戦争でドイツに負けたフランスの芸術家はどう思ったか」

ドニャ●「くやし〜、見返してやりたい、って」

松本●「うーん、そうだな。実はここで意外にも「ドイツ音楽のいいとこ

モーリス・ラヴェル
（1875−1937）

ろは吸収していかないと、おれたちは遅れてしまう。いつまでもかる〜いサロン音楽や、面白おかしいオペラばっかり作ってちゃいかんだろ。ドイツを見習って、もっと深い芸術的な音楽を作らんといかんぞ！」と考えたんだ」

ドニャ●「へー、結構いいところありますね」

松本●「だろ？　それで、ドイツを見習って交響曲を作ろうと言いだしたのがフランクやサン゠サーンスといった人たち。2人とも交響曲史に残る傑作を書いている」

ドニャ●「そうなんですか」

松本●「ところが、ここがフランス人らしいんだが、そういうふうにドイツ人を見習うフランス人が出てくるのを見ると、今度はそれに反発したくなる連中が出てくるんだ。「快楽主義の何が悪い、面白おかしくて何が悪い、それがフランスちゅうもんだろう！」とな」

ドニャ●「なるほど……。あ、そうか、それが」

松本●「そう、それがドビュッシーやラヴェルやサティといった人たち。かる〜い優雅な、ときにキッチュだったりユニークだ

ったり、もともとあったフランス文化を強調したんだ」

ドニャ●「確かにそういう人たちは、交響曲なんか書きそうにないですよね」

松本●「ただこれはあくまで個人的な感性だから、同じ時代のフランスでも交響曲をがんがん書いている作曲家もいる」

ドニャ●「あら、みんなそうだったわけじゃないんですね」

松本●「そう。だから、同じ時代に同じ国に生きていても、交響曲を書いている人と書いていない人が出てくる。そうなってくるともう説明のしようがない。いまのフランスの3人はうまくこじつけることができたが、ほかの人たちになると、こじつけようもない」

ドニャ●「そんな馬鹿正直に言われても」

● 交響曲を書きたくなかった作曲家――ほかにもいろいろ

松本●「たとえば東欧のチェコでもドヴォルザークはもちろん書いているが、ちょっと前の世代のベドルジハ・スメタナは習作以外には交響曲は書いていない。北欧でもジャン・シベリウスは書いているのに、エドヴァルド・グリーグは1曲書いたが引っ込めた。同じロシアでもチャイコフスキーやリムスキー゠コルサコフは書いているが、ムソルグスキーは書いていない。南欧のスペインでも19世紀前半のホアン・クリソストモ・アリアーガは書いているが、19世紀後半の有名作曲家のほとんどが書いていない」

ドニャ●「うーん」

松本●「スメタナはドイツ・オーストリアへの偏見があって、交響詩の父リストへの尊敬があったから交響曲ではなく交響詩に

向かったのかもしれない。グリーグ
は、ライバル作曲家ヨハン・スヴェ
ンセンの交響曲作品を聴いて自信を
なくしたために引っ込めたのかもし
れない。ムソルグスキーは、異才す
ぎて交響曲に向かなかったのかもし
れない。スペインの気質は、交響曲
のような形式ばった作品は本能的に
いやがるのかもしれない」

エリック・サティ
（1866－1925）

ドニャ●「ちょっと何言ってるかわかりませーん」

松本●「ま、まあ、結局この時代、交響曲を書かなかった人たち
それぞれの理由はいろいろ類推できるが、最終的には全部個人
的な事情や理由になってくるので、こうなってくるともう「書
きたくなかった」ということでくくるしかなくなる」

ドニャ●「ずいぶんざっくりとした」

松本●「でもそれが正直なところなんだ。だから交響曲を書いて
いてもいい時期、書いていてもいい地方、書いていてもいい
環境にいながら交響曲を書いていない有名な作曲家がいたら、
「なんかあったんだろうな～」とみていいと思う。それはそれ
でその作曲家を知るひとつのいい指標になる」

ドニャ●「参考にします」

5　時代遅れ

松本●「交響曲を書かなかった作曲家、いよいよ最後だ。最後

は、交響曲自体が時代遅れになってしまった」

ドニャ●「え、そうなんですか」

松本●「そう、もう1900年代になってくると、「昔からあるような正攻法の交響曲なんて古くさい」みたいな流れになってくる。ロマンたっぷり、メロディーたっぷり、がんじがらめの形式に縛られた交響曲なんて書いてたら笑われる、そんな時代がきたんだ」

ドニャ●「なんでですか、いいじゃないですか、交響曲で」

松本●「時代が変わったんだ」

ドニャ●「ワッ、またですか」

松本●「そうだ。また時代が変わったんだ。時代が変われば音楽が変わると言ったよな」

ドニャ●「どう変わったんですか?」

松本●「長い間平和で戦争がなかった1800年代が終わり、明らかに不穏な不気味な空気がヨーロッパを覆う。そしてその予感は当たってしまう。第1次世界大戦、世界的伝染病、世界恐慌、ナチスの台頭、ユダヤ人の迫害、第2次世界大戦……とんでもないことが次々とヨーロッパを襲う」

ドニャ●「ウッ……」

松本●「そんななか、前世紀の象徴のような「きれいです」「かっこいいです」「泣きそうです」なんていう交響曲をいつまでも作ってるわけにはいかなかった。いつまでもロマンやら文学やら叙情やら言ってるわけにはいかなくなった」

ドニャ●「つらいところですね」

松本●「人々はとにかく新しい何かをつかみたかったんだろう。新しい何かに頼りたかったんだろう。それがまったく新しい音

楽を生み出していく。それはいままでの音楽とはまったく違うもの。たとえ交響曲という名前がついていても、いままで聴いていたものとは全然違う。新しい時代……近代・現代と呼ばれる時代になってしまったんだ」

ドニャ●「近代・現代……ですか」

年代		作曲家名	時代背景
1200-1600年	中世・ルネサンス		教会の権力失墜 王様や貴族が台頭
1600-1750年	バロック時代	ヴィヴァルディ、ヘンデル、バッハ	市民革命・産業革命
1750-1800年	古典派	ハイドン、モーツァルト	
	移行期	ベートーヴェン	
1800-1900年	ロマン派	シューベルト、メンデルスゾーン、ショパン、シューマン……	
1900年-	近代・現代の音楽		第1次世界大戦、伝染病、世界恐慌、第2次世界大戦

松本●「交響曲だけを見ても、ソビエトやアメリカや日本からは優れた作品が生まれるが、大きな流れでは1900年代が進むにつれて交響曲自体はどんどんすたれていく」

ドニャ●「そうなんですか」

松本●「1900年代中盤に入って古典的な交響曲とか書いてたら「だっせー」みたいな風潮になっていって、完全に交響曲文化というのは衰退していく」

ドニャ●「じゃあ、交響曲っていまはもう作られていないんです

か?」

松本●「いや、実はそれがそうでもない。最近は逆に新しい感性に満ちた交響曲も結構作られてる」

ドニャ●「え、そうなんですか」

松本●「なかには、結構ハートにガツンとくるような曲を作る人もいる。ただ、昔のベートーヴェンとかチャイコフスキーのような交響曲はなかなか生まれないし、そもそも社会一般に、新作の交響曲を待ちわびるという風潮がないんだ。昔作られた立派な交響曲を楽しもうというのが、いまのクラシック音楽鑑賞のあり方。だから、ものすごいネームバリューの交響曲作家というのはこれからもなかなか現れないだろう」

ドニャ●「そうなんですか。また新しい交響曲を楽しめるような時代になってほしいです」

松本●「さあ、これで交響曲を書かなかった作曲家の話は終わりだ。ちょっとおさらいしてみるか」

ドニャ●「はい、えっと、まだ交響曲がなかった、それから書こうと思わなかったというか、作る必要がなかったという感じですか」

松本●「そうだな」

ドニャ●「そして書きたくなかった、まあこれは個人的な事情もあったようですが。そして最後が時代遅れになってしまった……こんなところでしょうか」

松本●「そうだ！　よくできた。最初、交響曲とは何かという質問にはなかなか答えられなかったが、交響曲を書かなかった人たちを見ることで逆に交響曲の特質がいろいろ見えてきたんじゃないか」

ドニャ●「はい、そんな気もしてきました。ありがとうございました」

　さて、そんなわけで第2章は「交響曲を書かなかった作曲家」について話してみました。

　いろいろな事情があって、交響曲を書かなかった作曲家がいたことがおわかりいただけたでしょうか。

　そして同時に、交響曲がどのようにして生まれ、その後どういうふうに認識されていったか、なんとなくおわかりいただけたでしょうか。

　では、いよいよ第3章。松本兄弟の交響曲探しの旅がまた始まります。

第3章

交響曲の旅路
その2

誰もが知っているわけではない作曲家たち

さあ、第3章に入りました。ここまで、よくついてきました。よくがんばりましたね。でも、実はここからが大変なんです。これから登場するのは、ベルリオーズ、サン＝サーンス、フランク、シベリウス、ショスタコーヴィチ、マーラー、ブルックナーというような人たちです。どうですか、みんな知っていますか？　その名を聞いたことがありますか？　知らないですよね、普通。

　いままでの作曲家たちは、小学校や中学校の授業で名前が出てくるような人たちでした。日常生活のなかでもときおりその名前を聞く人たちでした。

　ハイドン、モーツァルト、ベートーヴェン、シューベルト、メンデルスゾーン、シューマン、ブラームス、チャイコフスキー、ドヴォルザーク……。

　でも、ここからは違うんです。普通の生活をしているうちは、ひょっとすると一生接する機会がないかもしれない人たちです。もう1回見てみましょうか、どーん。

　ベルリオーズ

　サン＝サーンス

　フランク

　シベリウス

　ショスタコーヴィチ

　マーラー

　ブルックナー

どうですか。やっぱり、あまり聞いたことがない名前ではありませんか。でも、クラシックを聴くうえでは、知らないではすまされません。この人たち、いずれ絶対に聴くことになる人

たちです。これからはそんな人たちの話です。

そして、ここからがすごいのです。

1　独りよがりの変態的な復讐心と　浅はかな狂気──ベルリオーズ

話は第1章の続きです。松本兄弟の旅は、まだ終わりません。

さて、ひととおりの成果と実績を得て、松本兄弟にはしばし平穏が訪れます。

モーツァルト、ベートーヴェン、シューベルト、ブラームス、チャイコフスキー、ドヴォルザークなど、おおよその大作曲家の交響曲作品は制覇したわけです。

さあ、次はどんな音楽を聴いてやろうかね。ふふふ……そんな余裕さえ感じさせながら、のんびりとときを過ごしていたのですが、つかの間の平和を打ち破ったのは、また兄でした。

兄●「なんか変な作曲家がいるらしい」

弟●「変?」

兄●「なんかすごい交響曲を書いたらしい」

弟●「すごいって、どんな」

兄●「自分をふった女の人を地獄に突き落として、そこでその女の人が苦しみ堕落する姿を描いた交響曲らしい」

弟●「なんじゃそりゃ、むちゃくちゃやな。なんつう人?」

兄●「ベルリオーズ」

弟●「ベロベロ?」

兄●「ベルリオーズ」

弟●「ベルリオーズ……そういや何かの本で名前を見たよう

な。でも聴きやすいのかな?」

兄●「わりと人気はあるみたいだから、聴きやすいんじゃない
かな」

弟●「ふーん、じゃあ、次いってみる? そのベロ……」

兄●「ベルリオーズ」

弟●「うん、それ」

　ということで、今度買う交響曲はその人の曲に決まりまし
た。

　とはいうものの、そのベロベロなんとか、それまで読んだ交
響曲入門書に確かに載っていたような気はしたのですが、基本
的にあまりなじみがない名前。ここまで聴いてきた作曲家は、
まがりなりにも学校で習ったことがある人たち。名前は知って
いる作曲家でした。でも今度聴いてみようと決めたその人につ
いて、まったく知りません。正直そこまでマニアックな作曲家
を聴かなくてもいいんじゃないかな、そんな気もします。た
だ、愛する人を地獄に突き落とす妄想を描いた交響曲。一体ど
んな曲なのか興味があります。ということでその週末、さっそ
く２人でその交響曲を買いにいきました。そもそも名前がすご
いです。『幻想交響曲』。

　そうしてワクワク期待する少年の前に、その『幻想』の交響
曲が流れ始めます。

　その『幻想交響曲』、どうやら５つの楽章からできているら
しいですが、一つひとつにごていねいに副題のようなものがつ
いています。

　第１楽章「夢、情熱」

第2楽章「舞踏会」
第3楽章「野の風景」
第4楽章「断頭台への行進」
第5楽章「魔女の夜宴の夢」

それを頭に入れながら聴いてみると、確かにそんなふうに聞こえます。

エクトル・ベルリオーズ
（1803—69）

以前チャイコフスキーの『交響曲第6番「悲愴」』を聴いたとき、曲に何かが秘められているような気がしましたが、この『幻想交響曲』は秘められているどころか、もうそのまんまというようなむき出しの感情描写。

第1楽章から第3楽章までは現実世界での恋の情熱や苦悩、希望や失望を描いているらしく、まだおとなしいのですが、なんといっても、この曲の醍醐味は第4楽章からの空想部分。ここからがぶっとんでいます。

第4楽章「断頭台への行進」、第5楽章「魔女の夜宴の夢」ですよ。

夢のなかで主人公は愛する女性を殺してしまい、ギロチンで処刑されます。ここまでが第4楽章。

そして終楽章、主人公が処刑されて地獄に落ちてみると、そこではおぞましい饗宴が繰り広げられていて、しかもそこにはかつて愛し、殺してしまった彼女がいるではありませんか。そこでの彼女は、生きていたときとは似ても似つかぬ醜悪で淫らな姿。おれはこんな女のために人生を棒に振ったのか、いや、おれが殺したからこんな姿になったのか、まあいいか、いまは

おれも地獄で一緒。おれもあいつもざまあみろだ。

　そんな曲。哀れな自虐と、独りよがりの変態的な復讐心と、浅はかな狂気。これほど情けなく、そのうえ露悪的で、私小説的な交響曲があるとは。聴いていて吐き気をもよおすほどの醜悪な作品。まさに「怪奇幻想交響曲」です。

　しかもすごいのは、ベルリオーズはベートーヴェンが生きている時代に生まれ、ショパンやシューマン、リストよりも前の世代なんです。そんな昔の人がここまでぶっとんだ作品を書いていたんです。

　あとで知った話ですが、ベルリオーズ、コンサートでは「私の解説文を読め」という指示までしていたとか。なんという押しつけがましさ。全編とにかくこのベルリオーズという男の悪臭ふんぷんたる生きざまを体験するジェットコースター的作品。へたなホラー映画なんかよりも数倍ショッキングです。

　で、これまたあとで知った話なんですが、このモデルになった女性にベルリオーズは振られたわけですが、その数年後に『幻想交響曲』を聴きにきた彼女と再会し、今度はその恋を実らせ、なんとリアルに結婚したんです！　なんということか！　結局、不幸な結婚となったらしいですが、それがまたこの人らしい。

　それにしてもこんな曲があるんですね。あっていいんですね。少なくともここまで壮絶な交響曲はこれまで聴いたことはありませんでしたし、やはり音楽史上に残る異端の傑作と言っていいでしょう。

　さんざんぼろくそ言っていますが、実は私も一時期はまって、生まれて初めて購入した交響曲の楽譜がこの曲でした。

2 世の中の苦しさを全部ひっくるめてドカーンと 解き放つ一大花火——サン＝サーンス

　ということで、ベルリオーズとの衝撃的な出合いからようやく数日がたち、松本兄弟はその毒気から解放されつつありました。でも一度覚えた毒、なかなかの快感でもあり、抜け出したくない気持ちもあります。

弟●「ベルリオーズみたいな人はほかにはいないんだろうねえ」

兄●「だろうなあ、あそこまで誇大妄想狂というか、ぶっとんだ人は珍しいだろうねえ」

　そんな会話をしながらも、お互いなんとなくベルリオーズのような作曲家を探していたんでしょう。あるとき、どちらともなく、あることに気づいたのです。ベルリオーズよりも前に聴いてきた作曲家たちを、以下に列挙してみましょう。

　ハイドン（オーストリア）

　モーツァルト（オーストリア）

　ベートーヴェン（ドイツ）

　シューベルト（オーストリア）

　メンデルスゾーン（ドイツ）

　シューマン（ドイツ）

　ブラームス（ドイツ）

　チャイコフスキー（ロシア）

　ドヴォルザーク（チェコ）

　ハイドンからブラームスまでは、全部ドイツ・オーストリアの作曲家。そしてチャイコフスキーはロシア、ドヴォルザーク

はチェコ。で、さっきのベルリオーズはフランス。フランス！ベルリオーズはフランス人だったんです。たった一人フランス！　ひょっとしたら、ベルリオーズはフランス人だったからあんな曲を書いたのでは？　フランスの作曲家というのは、あーいうとんでもない作品を書くのかも！

弟●「よし、じゃあ今度もフランスでいってみよーか!?　というか、いま思えばフランス人って有名な交響曲作曲家はいないんだね」

兄●「ほんとやね」

　再び交響曲入門書をひもとく松本兄弟。

兄●「お、なんか、フランスに変わった名前の作曲家がいる」

弟●「え、なに？　誰?」

兄●「さんさーんす」

弟●「さんさん?」

兄●「いや、さん・さーんす」

弟●「さんざんざんす?」

兄●「サン゠サーーンス」

弟●「さんさ〜〜んす……?　ふーん、そういえばいたかなあ、そんな人が」

兄●「でも結構人気高いみたいだぞ。とくに『交響曲第３番』だけがすごい人気が高い」

弟●「え、そうなん？　レコード出てる?」

兄●「出てる出てる」

弟●「じゃあ、それ、いってみようか」

　まあ、こんなやりとりがあって、次なるターゲットはサン゠サーンスというちょっと変わった名前のフランスの作曲家の

『交響曲第3番』になったのです。ベルリオーズに続き、名前もほとんど聞いたことがない作曲家の交響曲です。でも、あの狂気の『幻想交響曲』のような激烈インパクトを松本兄弟に与えてくれるのでしょうか。

そうして始まったサン＝サーンス『交響曲第3番』。

カミーユ・サン＝サーンス
（1835－1921）

冒頭はひそやかに厳粛に始まって、一瞬身構えた松本兄弟でしたが、ほどなくしてすごくかっこよくなってきたんです。なんだかスパイ映画かアクション映画みたいな、イカした音楽！

「おお!?」と顔を見合わせる松本兄弟。こんなことめったにありません。あまりよくないレコードを買ったときに「やっちまったなあ……変なの買っちまったなあ」と伏し目がちに相手の表情をうかがうことはありましたが、こんなふうに「お、おいおい、おいおい、いいじゃないか！」と興奮しながらお互い顔を見合わせたのは、ドヴォルザークの『交響曲第8番』以来ではないでしょうか！

途中ちょっと静かになって眠りそうになってしまうところもあったのですが、第2部からがぜん息を吹き返します！（この曲大きく2つに分かれてるんです）。第2部は第1部よりさらに盛り上がって、もう戦隊ヒーローかハリウッド・アメコミ映画のBGMみたいなかっこよさ。「そうそう、そこそこ！　もう〜！この作曲家わかってるなー」「どうすればかっこよくなるかわかってるなー」と、なんといったらいいのか、ツボを心得てい

るというのでしょうか。心憎い盛り上げ方です。しかも、オルガンも出てくるんですよ、壮麗なオルガンが！　そう、この曲の副題が「オルガン付き」っていうんです。交響曲なのにオルガンが入ってくるわけです。こんな交響曲あったでしょうか。オーケストラでこれだけド派手にやっておいて、さらにオルガンまで動員してくる。もうほんとにかっこよすぎます。そして最後はめちゃめちゃな盛り上がり方で終わります。あとくされ一切なし！　迷いも苦悩も一切なし！　逆に世の中の苦しさを全部ひっくるめてドカーンと解き放つような一大花火のよう！　ベルリオーズのような狂気はないかわりに、ここまで華麗でド派手ではちゃめちゃ元気な交響曲はいままでありませんでした。断言できます。

　ベルリオーズとは違うフランス音楽のすごさを目の当たりにして、聴き終わったあとはもうへとへとになってしまった松本兄弟。こんな幸せな疲れがあるでしょうか。

　結局さっきの『幻想交響曲』というぶっとんだ交響曲を作ったのは、作者がフランス人だったからというよりは、ベルリオーズだったから、ということかもしれませんが、それはそれとして、このサン゠サーンスもすごかった。

3　正座して襟を正して　聴かなければいけない──フランク

　さあ、そうなってくるともうやめられません。フランスの交響曲には、きっと何かあるにちがいありません。交響曲入門書を開いて、ほかに有名なフランスの交響曲がないか探します。

とはいっても、さすがにもうベル
リオーズやサン゠サーンスのような
交響曲はないのではないでしょう
か。そんなとき、またまた兄が見つ
けてきました。

セザール・フランク
（1822−90）

兄●「だいすけ、いたぞ、すごい人
が。まだフランスに」

弟●「え、そうなの?　もういなさそ
うやったけど……」

兄●「いや、いた。しかもすごいらしい」

弟●「誰?」

兄●「フルトヴェングラーも指揮しているし、評論家によって
は交響曲史上最高の傑作とかいう人もいる」

弟●「ほんとに?　誰」

兄●「フランク」

弟●「そう、フランスの、誰」

兄●「いや、フランク」

弟●「ふらんく?」

兄●「そう、フランスじゃなくてフランク」

弟●「そんな人いたっけ……」

兄●「おれも知らなかったが、図書館の本では相当褒めてたぞ」

弟●「へー、じゃ、じゃあ、次はそれでいこうか。フランクの
交響曲第何番?」

兄●「いや、１曲しか書いていないらしい」

弟●「あれま、１曲だけ?　１曲だけって珍しくない?」

兄●「ほんまやな」

弟●「ハイドンなんか100曲も書いてるのに。でもとりあえずはフランク、いってみる?」

　……ということで、次はフランクとやらが作った交響曲！いってみましょー！

　指揮は、いまや松本兄弟にとって神のような存在であるフルトヴェングラー。フルトヴェングラーが指揮する作品ですから、やはり傑作なんでしょう。考えてみると『幻想交響曲』もサン゠サーンスの『交響曲第3番』もフルトヴェングラーの録音はなかったので、それだけにフランクの交響曲は別格なのかも……。

　さあ、ということでそのレコードを探して買ってきました。ステレオの前で鎮座する松本兄弟。フランクが作った交響曲がいよいよ始まります。人によっては交響曲史上最高の傑作ともいわれている曲！

　これは……。これは……。しぶい。久々にきました。これまでたいていの交響曲は聴いてきて、ちょっとやそっとの難曲では動じない松本兄弟でしたが、これは、しぶい。いつサン゠サーンスみたいにドンガラガッシャーンとやってくれるんだろうと、いつベルリオーズのようにヒョヒョヒョーーーイと狂気に陥るのかと身構えていたのですが、そういう瞬間はこないのです。

　最後の第3楽章こそようやく爽快にぶっ放してくれそうな気配があるのですが、やはり雲が晴れないサン゠サーンスというのでしょうか。結局、どこか突き抜けないまま全曲終わります。それでいいのか?　いや、人生そんなものだろうというような、ちょっと達観した感じ。ドンガラガッシャーンとはなり

ません。そういう曲ではないのです。真面目なんです。すごく真面目なんです。リアルな人生と向き合ってるような。

　最初はベートーヴェンの『運命』やブラームスの『交響曲第1番』なみに難解……と思いましたが、ベートーヴェンの『運命』やブラームスの『交響曲第1番』は、最後に幸福な場所に突き抜けます。でもこの曲はそうならないまま、諦念の境地のまま幕を閉じるんです。いずれにしても、かる〜く聴いてみよー！なんて曲ではありません。ひょっとしたら、ベートーヴェンやブラームス以上に正座して襟を正して聴かなければいけない曲かもしれません。

兄●「だから交響曲史上最高の曲なわけか。これはちょっとやそっとじゃ踏破できんな」

弟●「うぐう」

兄●「実は言わなかったが、この人はフランス人（正確には「フランスで活躍した」人）なんだけど、ベートーヴェンとかのドイツに憧れていたらしいんだ」

弟●「わかる、めちゃくちゃ真面目人間だったんじゃないかな。やんちゃとかしたことがない」

兄●「それはそうかもしれない。でもこういう真摯な交響曲を体験できたのはよかったと思うぞ」

　確かに、ベルリオーズとサン＝サーンスで終わっていたらフランス音楽に対してちょっと偏見を抱いていたかもしれません。だから、フランクの交響曲は、いろいろなことを教えてくれたのでした。

　ちなみにこの曲が普通に理解できるようになるには、その後数カ月かかりました。

4 ちょっと寄り道──三大管弦楽曲

　フランスのなんとも個性的で存在感あふれる３つの交響曲を次々と聴いた松本兄弟。

　なんといっても最後のフランク。その深遠で哲学的な内容には驚きました。それで今度は少しわかりやすいというのか、気軽に楽しめる曲を聴こうという話になりました。というのも、FMのエアチェックをしているうちにいくつか気になる作品が出てきたのです。交響曲の名曲を探しているうちに見つかったそれらの曲は、管弦楽曲と呼ばれるジャンルの曲でした。オーケストラで演奏される、交響曲・協奏曲以外の作品を管弦楽曲というのです。そのなかでとくに気になる作品が３つありました。クラシック入門書などを見ていても必ず出てくる有名曲。

・ムソルグスキー：組曲『展覧会の絵』
・グリーグ：組曲『ペール・ギュント』
・リムスキー＝コルサコフ：交響組曲『シェエラザード』

　これら３つの管弦楽曲を、松本兄弟は勝手に「三大管弦楽曲」と名付けました。でも確かにそう呼んでいいような人気と知名度と面白さをもった曲です。

　ロシアのムソルグスキーの『展覧会の絵』は、展覧会の10枚の絵の印象を音楽にしたという変わった作品。かわいかったり、優雅だったり、不気味だったり、美しかったり、画題ごとにいろんな魅力がはじけていて、まるで短篇映画を観ているような楽しさ。もともとはピアノ曲だったのですが、フランスのラヴェルという人が管弦楽用に編曲したのだそうです。

ノルウェーの作曲家グリーグの『ペール・ギュント』組曲は、もともとは劇のための音楽として作曲されました。これを、うまーく抜粋してまとめて「組曲」にしたものです。ペール・ギュントという男の波瀾万丈の旅を描いた劇音楽だったから、「組曲」版もとても変化に富んでいて、楽しいやら悲しいやら感動的やら、息をもつかせぬ怒濤の展開です。

　ロシアのリムスキー＝コルサコフが作った『シェエラザード』は、『千夜一夜物語』をテーマにした組曲。劇音楽ではありません。でも、まるで舞台が目の前にあってそれぞれの情景が浮かんでくるような音楽。それまで聴いていた交響曲にはないエキゾチックで妖しい雰囲気がとても独創的で新鮮です。

　普通の交響曲は基本的に何かを具体的に「描く」ということはありません。それに比べると管弦楽曲は、何かをストレートに描写する作品が多いので、その分理解しやすいような気がします。ここで紹介した通称「三大管弦楽曲」も、わかりやすさ、楽しさとい

モデスト・ムソルグスキー
（1839−81）

エドヴァルド・グリーグ
（1843−1907）

ニコライ・リムスキー＝
コルサコフ（1844−1908）

う点では最高ランクの作品といっていいでしょう。交響曲ばかり聴いてちょっと疲れてしまったときには、こうしたストレートに楽しい音楽もいいものです。

　その当時、ときどき機会を見て聴いていた管弦楽曲には、

　スメタナ：交響詩『「わが祖国」より"モルダウ"』

　チャイコフスキー：バレエ音楽『白鳥の湖』、バレエ音楽

　　『くるみ割り人形』

　ホルスト：組曲『惑星』

　ビゼー：『アルルの女』組曲、『カルメン』組曲

　ラヴェル：『ボレロ』

などがあったでしょうか。松本兄弟にとってみればちょっとした寄り道、でもとても魅力的な寄り道でした。

5　全身で体感するしかない　　不可思議な世界——シベリウス

　さあ、そんな充実の寄り道をしてまた「交響曲愛」が復活してきた松本兄弟。次はどんな相手が待っているのか。

　そんなとき、シベリウス作曲のなんとも印象的な管弦楽作品に出合います。

　『悲しいワルツ』という曲。タイトルどおり悲しい曲ですが、ただ美しく切ないメロディーというのではありません。展開が悲しいんです。重病で床に伏している女性、その夢に美しいワルツが流れ、女性は夢に現れた踊り子たちと一緒に踊ります。でもこれ以上踊ったら死んでしまう……これ以上踊ってはいけない、でもやめられない。そこに突然死に神が現れて、すべて

は死で終わる。

　最後の場面では、聴いているこち
らも胸がつかえて息ができなくなり
ます。ここまで悲しくつらく切ない
音楽というのは、ちょっとないかも
しれません。それが、シベリウスと
いう人の作品でした。

　ところがそのシベリウスが、『悲
しいワルツ』の正反対といっていい
ような曲を作っていました。

ジャン・シベリウス
（1865−1957）

『フィンランディア』。その名から察せられるとおり、シベリ
ウスはフィンランド人。この『フィンランディア』という曲
は、帝政ロシアからの独立を願うフィンランド人の心の支えの
ような曲。帝政ロシアはこの曲がフィンランド人の愛国心を沸
き立たせることを恐れて演奏禁止処分にしたほどです。それく
らい熱く燃え上がる作品です。先ほどの『悲しいワルツ』とは
正反対といっていい元気いっぱいのエネルギッシュな曲。

　さあ、ところがです！　そんなすばらしい管弦楽曲を書いて
いるシベリウスが、なんと７つも交響曲を書いているというで
はありませんか。シベリウスはフィンランド人。北欧の作曲家
の交響曲は初めてかも！　北欧の交響曲、なんかすてきそうじ
ゃないですか。

　ということで２人で相談した結果、シベリウスの７つの交響
曲のうち、最も有名で人気が高い『交響曲第２番』を聴いてみ
ることにしました。

　ところが、これがまた。変な曲でした。なんと言えばいいの

か、いままで聴いたことがない交響曲。『悲しいワルツ』の美しさ、切なさ、『フィンランディア』のかっこよさ……そういうのがないまぜになった感じの交響曲かと思ったら、全然違ったのです。

メロディーやリズムはあるにはあるのですが、とても独特で、浮かんでは消え、消えては浮かぶ幻のような曲。でも盛り上がるんですよ。盛り上がるんですが、なにかこう、北欧の夜空に浮かぶオーロラを見ているような、氷河の流れを見ているような、人間離れした盛り上がり方なんです。こんな不思議な交響曲、聴いたことがありません。でもどういうわけか、中毒性があってまた聴きたくなる。『悲しいワルツ』や『フィンランディア』のような聴きやすさはないかわりに、何度も何度も聴いて、もっとその世界に浸っていたい、そう思わせる曲なんです。好きになる人を選ぶかもしれないのですが、はまる人ははまるでしょう。

ドイツ・オーストリア、フランス、東欧、ロシア、いままで聴いたどんな曲とも違う。同じ北欧のグリーグとも違う。異世界の交響曲。別の宇宙の音楽。交響曲の世界は広いんだ、と思わせる曲。

シベリウスは交響曲を７曲（＋番号なし１曲）作っていて、なかではこの『第２番』と『第１番』がとても有名です。『１番』も『２番』同様、異世界のロマン派大交響曲。『２番』に匹敵する不思議な盛り上がりを聴かせてくれます。この２曲が気に入った人ならほかの曲も聴いてみていいと思います。ただ『３番』以降は、『１番』『２番』よりもさらに「異世界」度が強くなっていって、『６番』『７番』なんて完全に孤高の世界。

ほかのどんな作曲家も近寄ることができない「シベリウス・ワールド」。その世界は、頭で考えたり分析したりすることを許さない、ただただ全身で体験し体感するしかない不可思議な世界です。シベリウスがフィンランドの森と湖の世界で感じた霊的神秘体験を音楽で追体験するミステリー・ワールド・ミュージック。一度は味わってみていいと思います。

6　衝撃的でトラウマ的──ショスタコーヴィチ

　シベリウスという異質な作曲家の交響曲を聴いたことで、交響曲の広い世界を改めて実感した松本兄弟。世界には、あとどれくらいの交響曲があるのでしょう。そして、そのなかに私たちを感激させてくれる曲はどれほどあるのでしょうか。まだまだ松本兄弟の交響曲の旅は続きます。

　ちょうどそのころ、シベリウスを聴こうとしたのとほぼ同時期に、兄から聞かされていた情報がありました。

　「ソビエトに15曲も交響曲を書いているすごい人がいるらしい。いちばん有名なのは『第5番「革命」』っていうらしいぞ」

　ところが当時まだそれほど知られていなかったのか、その『交響曲第5番「革命」』のレコードがあまり出ていなくて、シベリウスが先になったのです。でもシベリウスを聴いてことのほか感動した松本兄弟、「やっぱり交響曲やなー」ということで、続いてそのソビエトの作曲家の交響曲を聴くことにしました。

　その作曲家の名前はショスタコーヴィチ。本によっては「シ

ョスタコビッチ」とかになっていましたが、やはりショスタコーヴィチがいいです。

　ただなんとなく気になることがあったんです。「革命」というタイトルもそうですが、なぜソビエトなのか？　ロシアではなく？　チャイコフスキーやムソルグスキーみたいにロシアでいいんじゃないの？　なんでソビエトの作曲家なんだろう……と。まだ中学生だったこともあって、そのあたりの政治状況や歴史的意味合いがよくわかっていなかったのですが、そこになにか引っかかりを感じたんですね。

　まあ、それはそれとして、兄弟はまたお金をためてレコードショップに向かいます。今回は廉価盤ではなく、レナード・バーンスタインという指揮者の録音でレギュラー盤です。ちょっと高いですが、気合を入れました。

　さあ、ということでショスタコーヴィチの『交響曲第5番「革命」』。すごい名前ですね。きっと血湧き肉躍るエネルギッシュな曲なのでしょう。

　で、聴きました。唖然茫然。聴き終わったあと、兄弟そろってまさにぼーーー然、という感じです。衝撃的でした。予想どおりめちゃくちゃエネルギッシュでパワフルで、けたたましい音楽だったのです。しかし、その騒々しさが、なんというか激しい違和感を感じさせたのです。

　血湧き肉躍る感じはあるのですが、血が大量に流れている感じもあるのですが、そこに人がいないんです。感情がないんです。情熱とか愛とか勇気とか、およそ「革命」に対して抱きそうな燃えるハートのようなものがない。欠落しているんです。てっきり「みんなで盛り上げて革命起こそうぜ」的な感情む

き出し情熱音楽だと思っていました
が、違います。登場するのは軍靴と
どろかせる軍隊、あるいは轟音をま
き散らす重機、あるいは大地を踏み
にじって進む戦車。まるで大型工場
から繰り出したかのような、重工業
の製品みたいな音楽。たとえばベー
トーヴェンやチャイコフスキーの激
しい音楽を聴いたとき、燃え上がる

ドミートリイ・ショスタコーヴィチ
（1906‒75）

ハートを感じますよね。でもショスタコーヴィチは違うんで
す。燃え上がるハートではなくて、縮み上がる恐怖感。

　ベートーヴェンやブラームスでもときおり、その人間性や崇
高さに畏怖を感じることはあります。でもそれがショスタコー
ヴィチの場合、超巨大コンビナート工場を眼前にしたような恐
ろしさなんです。聴いてはいけないものを聴いてしまったよう
な戦慄。第3楽章は悲痛なほど静謐な音楽になっていて涙をそ
そられそうになりますが、どこかに人工的なものを感じる。だ
から、第4楽章で壮絶な音楽が開始されると「やっぱりきた
か、そっちが本性だろう」とわかってくる。

　少年たちの勘というのは、ある意味当たるものです。その後
その曲について調べたら、合点がいきました。「ソビエトの作
曲家」という言葉に違和感を感じた理由もわかりました。

　ソビエト連邦はもともとはヨーロッパの最先端の前衛的な音
楽を推奨していたそうですが、トップがヨシフ・スターリンに
なったときから、「音楽芸術は人民のために奉仕するものであ
り、そうでないものは排除する」という方向に転換しました。

つまり、国が音楽のあり方を決める、と。

　ショスタコーヴィチはもともと前衛的な作品を書いていましたが、政府の新たな方針に従わず「性暴力あり殺人あり」というような大胆なオペラを書いたところスターリンの逆鱗に触れ、抹殺されてしまいかねないような状況に陥ります。そこで名誉挽回のために書いたのが、この『交響曲第５番「革命」』。「ソビエト万歳！　私は身も心もソビエトに捧げます！」という超プロパガンダ作品を書くことで政府に従順を誓ったわけです。だからなんか嘘っぽい。この空虚で熱量だけ高い、すさまじい音楽はそんなふうに作られたわけです。

　ところが、ショスタコーヴィチ、天才なんです。そんなふうに保身のために作ったのに、すごい作品になってしまいました。動機がどうであろうと、天才はすごい作品を作ってしまう。聴いた２人の少年を絶句させ茫然自失させる、とんでもなく恐ろしい作品を作ってしまったのです。

　たとえば、第１楽章でものすごい盛り上がりをみせますが、絶頂に達して一体ここからどうなるのか、というところで、いきなりけたたましい行進曲になります。ガチャッとギアチェンジしてまったく別の曲になってしまうのです。そんな交響曲を聴いたことがありません。まるで映画のワンシーン、あるいは変身物のロボット・アニメでしょうか。でも、それが鳥肌が立つくらい怖い。まるでホラー映画の惨殺シーンを見せられるような感覚です。

　あんまりショックで、それからそのシーンがくるたびに２人でオーディオの前で縮み上がったことを覚えています。10代半ばの少年にはあまりに刺激が強すぎる。もし可能なら、この

曲はR18に指定したほうがいいでしょう。それくらい衝撃的で
トラウマ的な作品でした。

　それにしてもこのショスタコーヴィチという人、ただもの
ではない。交響曲を15曲作ってソビエトの大偉人になります
が、その間にこっそり当局の目を盗んで自分が好きなように曲
を作って、見つかって睨まれるたびに「スミマセーン」と反省
するふりをしてまたソビエトに捧げる曲を作る。で、「今度か
ら気をつけろよ」などと注意されているのに、しばらくすると
またこっそりイケナイ作品を作る……そんな繰り返し。従順そ
うにみえて実は裏でペロッと舌を出している。その当時、本当
に政府に逆らって処刑された芸術家もいるような時代に、命が
けでワルイことをしていたのです。

　そう思ってあの『革命』を聴くと、このド派手なドンチャカ
したプロパガンダ音楽を捧げながら、ショスタコーヴィチとい
う人はその裏で「こういう空虚なハリボテ音楽がおまえらの姿
なんだよ、ばーか」と言っているような気がしてきます。そう
だとしたらがぜん面白くなってきます、この曲。

　しかしショスタコーヴィチ、どこまでも食えない男。そして
どれが本当の姿かわからない。この人、交響曲や弦楽四重奏曲
といった超本格クラシック作品でものすごい才能を見せなが
ら、その一方で退廃的なチンドン屋みたいな音楽を作ったり、
聴いて楽しい映画音楽を作ったりしているのです。なんにして
もただものではない。言論の自由さえ制限があったソビエトと
いう国で半世紀にわたって生き抜いた、稀代の天才作曲家なの
です。

さて、今回の本は「交響曲」を中心にお話ししているので、ここでソビエトの交響曲についてもふれておきましょう。

　第2章の第5節「時代遅れ」で「1900年代中盤に交響曲とか書いてたら「だっせー」みたいな風潮になっていく」という話をしました。クラシック音楽の中心であるヨーロッパでは、1900年代中盤に純正交響曲を作るというのにはそういう「いけてない」空気があったと思います。

　ところが、ソビエトは違うんです。ロシアの時代から交響曲は盛んに作られていましたが、ソビエトになってもその流れは衰えません。それどころかさらに活発になって、ショスタコーヴィチは15曲、プロコフィエフは7曲、ニコライ・ミヤスコフスキーは27曲、アラム・ハチャトゥリアンは3曲というように「これぞ交響曲！」という曲をみんなガンガン作ります。とくにプロコフィエフの交響曲はたまたま松本兄弟のリストから漏れてしまったのですが、なかなかの傑作ぞろい。

　そんな「交響曲万歳！」みたいなソビエトの音楽界は、クラシック音楽の中心地域であるヨーロッパから見ると時代遅れだったと思います。でも当のソビエトからすれば、クラシック音楽の中心的存在である交響曲を量産させて「いまやクラシック音楽の中心はソビエトにあり」と世界にアピールしていたようにも思います。「数百年の音楽芸術の王冠はいまわれらの手に！」と誇示していたわけです。結局、ソビエト連邦の消滅でそういった純正交響曲を作る文化はなくなってしまうのですが。

　そういう意味ではクラシック音楽の純正交響曲の歴史というのはショスタコーヴィチで終わった、という見方もできるかも

しれません。実際、一般的なクラシック・コンサートで普通に取り上げられる交響曲の最後のメインレパートリー曲は、ショスタコーヴィチのものです。

7　過剰なまでのサービス精神──マーラー

　ということで、ショスタコーヴィチは衝撃的でした。

　当時、中学の美術で「レコードのジャケットを作る」というイカした授業があったのですが、そこで私が取り上げたのはいまお話しした『革命』。中央に大砲があって天上から血の雨が降り注ぐというサルバドール・ダリのような絵を描いたことを覚えています。

　ただ、ショスタコーヴィチは衝撃的でしたが、そこにずっと立ち止まっていてはいけないという気持ちがありました。なんというか本能的にそう思いました。ショスタコーヴィチには15曲の交響曲があって数年後には1曲1曲浴びるように聴くことになるし、それぞれが個性的で面白いのです。だけど、当時の私たちは次の作曲家にいかなければならない、しかも大至急。そんなふうに感じたことを覚えています。

　実は、次の作曲家は決まっていたのです。

　マーラーです。史上最大の交響曲作家。

　決して引き延ばしていたわけではないのですが、この人の交響曲はそれ相応の覚悟をもって聴き始めなければならない、そんな思いが松本兄弟にはありました。なので、気軽に手が出せずにいた……でもいつかは越えなければならない大きな大きな

右端に縦書き

第3章　交響曲の旅路　その2

147

山脈、そんな思い。かつて『運命』やブラームスの『交響曲第1番』に対して抱いていたようなあの緊張感と似ています。それがフランク、シベリウス、ショスタコーヴィチと経験したことで、いよいよこの人のところにいくときがきた、そんな暗黙の了解が兄弟の間に生まれたのです。

　ということで、ついにマーラーへ。まるで2人して出征するような、そんな面持ちです。

　マーラーは9曲＋番号なし1曲の交響曲を完成させています。そのどれもがクラシック音楽史に燦然と輝く傑作。クラシック・ファンなら誰しもそれらを聴かずにはおけない。クラシック・ファンなら誰しもが全身全霊をかけて対峙しなければならない。ということで兄弟が最初に挑戦したのは、当時最もポピュラーだった『第1番「巨人」』。選んだレコードはブルーノ・ワルター指揮、コロンビア交響楽団。このワルター、マーラーの弟子でした。マーラーは生前は大指揮者として知られていたのです。

　さて。では、いよいよ、そのマーラーの『交響曲第1番』を聴きましょうか。まさに満を持して、です。時間は60分くらい。いままで聴いた交響曲のなかではかなり長いほうですが、マーラーの曲は90分を超えるのがざらなようで、これはまだ近づきやすいはず。

　とはいえ、クラシック音楽界に君臨するマーラーの栄えある『第1交響曲』。さあ、一体どうなるのか。松本兄弟はこの曲を聴き通して理解することができるのか!?

　そうすると、意外にも結構すんなり聴けたのです。もちろん肩透かしとか期待外れとかいうことではありません。そうでは

なくて、なんというんでしょう、聴きやすかったんです。楽しかったんです。街一番の高級フランス料理店に緊張して入ったら、思わぬ大サービスと大歓迎ぶりで緊張することなく幸せ気分で満足して帰った、そんな感じ。もっと言うなら、超高級サーカス。マジック・ショーも空中ブランコも水中ショーもあって、ピエ

グスタフ・マーラー
（1860－1911）

ロも巨人も小人もオートバイもサーカスカーも象もライオンもクマも出てくる。

　第1楽章から第4楽章まで、おもちゃ箱をひっくり返したように次から次へといろんな仕掛けが登場する。とにかくもう、あの手この手を使って楽しませてくれる。美しいメロディーもあれば、かっこいいリズムもあれば、ちょっとおかしなユーモアもあれば、あっと驚く大音響もある。そして圧巻はラスト。ここまで盛り上がるラストも珍しいというくらいの壮絶でかっこいい終わり方！

　びっくりしたり、不思議に思ったり、笑ったり、しんみりしたり、興奮したりしているうちにあっという間に60分が終わってしまいました。もう大満足。これはいいねー、最高だねーと。

　ベートーヴェンやチャイコフスキーにもそういうところがありますが、マーラーの交響曲には過剰なまでのサービス精神が満ち満ちているのです。これはそれ以降の作品もそうです。

　たとえば『第2番』は「復活」といういかめしいタイトルか

らも想像できるように決して楽しいだけでは終わらない深刻な内容ですが、次から次へと刺激的で興奮させる素材が登場して、最後は『第1番』とは違った壮麗かつ崇高な大爆発で終わって、絶対に満足するようにできています。

　続く『第3番』は100分を超える作品で、当時聴いたなかでは最長記録の交響曲。こんな長時間の曲を作るということがすでに大サービスではないかしら。まるで「もっとゆっくりしていきなよー」というようなもてなしです。そして最後の最後の場面などは、あまりのサービス過剰ぶりに初めて聴いた人は絶対に笑うと思います（作った本人は真面目なんでしょうけど）。

『第4番』はちょっと乙女チックな小品（それでも60分）になっています。これはこれで愛らしいし、別のファン層の獲得には必須かと。

　次の『第5番』になるとクラシック史上に残るロマンチックな「アダージョ」をもってきたりして、これで一気に一般音楽ファンをも取り込んでしまう（映画『ベニスに死す』〔監督：ルキノ・ヴィスコンティ、1971年〕で使われて、1970年代はマーラーといえば『ベニスに死す』の音楽とさえいわれていました）。

　ちょっとポピュラー路線に行き過ぎたと思ったのか、『第6番』では「悲劇的」という深刻なタイトルでいかにもな内容の大規模人間ドラマを描くのですが、やはり根っからのサービスマンのようで悩み方がいちいち大スペクタクル映画みたい。たとえば、第4楽章では大の大人がようやく持てるくらいのどでかいハンマーが出てきて「ドカン！」とやったりします。そんなわけで、聴き終わったあとの満足感たるや「そこまでやるかー、もう満腹！」という感じなんです。

続く『第7番』はちょっと分裂ぎみでまとまりがつかず、人気も評価もあまり高くありませんが、松本大輔少年はこの曲が大のお気に入りになってしまって、高校受験の勉強中この曲ばかり聴いていました。とらえどころがない、作者の意図をつかみかねる謎の作品という評価をされるのですが、たぶんあまり深く考えずに作ったのではないでしょうか。「夜曲」と呼ばれる童話みたいな楽章が登場したり、マンドリンも出てきたりして相当変わった構成ですが、いつもどおりその不思議で旺盛なサービスを楽しめば全然OKかと思います。

　その反動なのか『第8番』は、中世のラテン語賛歌やゲーテの『ファウスト』を引用した深刻系満載超大規模声楽大作になっています。マーラー、ついに交響曲を超越することになる。マーラー自身「これまでの私の交響曲は、すべてこの曲の序曲にすぎなかった」なんて、ハリウッド映画の宣伝文句のようなことを言っていますし、さらに「これはもはや人間の声ではなく、運行する惑星であり、太陽である」とまで語っています。なんかすごいでしょう？　そういえば作曲家自身は嫌っていましたが、この曲の副題は「千人の交響曲」。オーケストラや歌唱陣があまりに多すぎて1,000人近い出演者が必要になるからです。『交響曲第8番』はとてつもない超ド級作品なんです。そんな曲なので演奏は非常に難しいようですが、これをものすごい演奏で聴いたら魂が抜けたみたいになります。昔事務所でピエール・ブーレーズという指揮者のCDをかけたのですが、終わったあとにスタッフから拍手が出ました。アリアCDを20年やってきて、そんなことは後にも先にもそのときだけです。

　で、その次に作ったのが『大地の歌』。前作があまりにも大

規模だったからその反動か、ここでマーラーは東洋の漢詩をテクストに、小篇で質素に攻めてきます（それでも60分）。前作とは対照的に精緻で簡素な味わいなのも、ボリュームがある西洋料理に飽きた人に淡泊だが味わい深い、小鉢であっても調理の手間はかかっているような精進料理でもてなす、そんなサービス精神を感じます。そうそう、この曲は本来『第9番』となるはずだったのです。クラシック界でいわれる「『交響曲第9番』を書くと死ぬ」というジンクスを恐れて、あえて番号を付けなかったという噂があります。

　そんななか『大地の歌』の次に書いたのが『第9番』。これはなかなか評価が難しいのですが、持ち前のサービス精神と晩年の哲学的な素養が一体化した作品。単純に楽しめばいいというふうにも言い切れず、かといって崇高なる作品かといわれてもちょっと違う。ただ、コンサート会場で聴いたら、最後の3分、作曲家と演奏家とまわりの観客と一緒に死にます。ほんとです。臨死体験を味わえます。

　ちなみに、バーンスタインという人が日本で指揮したときは、あまりにすばらしい演奏だったので、その夜バーンスタインの枕元にマーラーが立ってお礼を言ったというエピソードがあります。

　結局、マーラーはこの『第9番』を完成させた1年後に亡くなってしまいます。そうすると、「『交響曲第9番』を書くと死ぬ」というジンクスは当たったということなのでしょうか。死んでなお、いろいろ話題を提供するというのもマーラーらしいかもしれません。

現在クラシック音楽の世界では、作曲者が生前使っていた楽器「古楽器」を使って演奏するのが大きなブームです（すでにブームではなく定着したといってもいいくらいです）。その古楽器演奏では演奏家の数も少なく、少数精鋭で精緻な表現を目指すことが多いのですが、マーラーに限ってはそうしたトレンドとは無縁。やはり、マーラーは重厚長大で大規模な演奏が好まれるしふさわしい。マーラーに関しては、ずーっとバブルが続いているんです。巨大で過剰で豊満な消費音楽。もっと言えば、マーラーの交響曲は、それまでのクラシック音楽のすべてをぶち込んだような総合芸術体。マーラーの交響曲が、クラシック音楽のひとつの頂点であることは間違いありません。

　というわけで、オーケストラ・コンサートでマーラーの『交響曲第２番』『第３番』『第６番』『第８番』『第９番』が取り上げられたら、とにかく行ったほうがいいです。絶対に満足して帰れます。この世で味わえる最も刺激的で幸福な時間を体験できます。

8　壮大なる純粋さ──ブルックナー

　さて、そんなわけで松本兄弟、ついにマーラーを聴きました。これはすごかったですねー。

　ショスタコーヴィチのときとは違って、そのときはしばらくマーラーを聴いて聴いて聴きまくりました。１曲１曲のボリュームはあっても、親しみやすいのでハマるんです。『第２番「復活」』と『第８番』と『第９番』は、精神的に疲弊するとこ

ろもありますが、聴き終わったあとの満足感はたっぷりです。どうでしょう、数カ月はマーラーばかり聴いていたでしょうか。そうしていままでの旅路を振り返ったんですね。

　ベートーヴェンがきて、ちょっとさかのぼってハイドン、モーツァルトもありました。難敵ブラームスもいまにして思えば最高。シューベルト、シューマン、メンデルスゾーンも経験しました。そのあとチャイコフスキー、ドヴォルザーク。なんとすばらしい！　しかしそうした超有名作曲家だけにとどまらず、フランス圏にはベルリオーズ、サン＝サーンス、フランク、さらに北欧にはシベリウス、そしてロシアではなくソビエトにはショスタコーヴィチもいました。そして最後に現れたのがマーラー。

　なんとすばらしい交響曲の旅だったのでしょう。

　しかし、もう一人いたのです。ものすごい人が。とんでもない人が。実は松本兄弟、よくわかっていなかったのです。で、マーラーを聴いたときのように身構えることもなく、わりとさらりと聴いてしまったんです、その人を。

　ブルックナーです。松本兄弟がこのブルックナーを聴いたのは、確かマーラーの『交響曲第１番』『第４番』を聴いて、さらに『第７番』あたりまで順に聴き進めていたころでしょうか。そんなときに、また、兄が持ってきたんです。どこからか情報を。

兄●「マーラーよりもすごいやつがいるらしい」

弟●「いやいや、それはないよ。マーラーが最強最高でしょう。これを超える人は出ないでしょう」

兄●「だよなあ」

弟●「なんかそういう過大表現する
人がいるんだよね。でも。誰?」
兄●「ブルックナーとか言うらしい」

　目の前で大音量で鳴るマーラーを
前に、兄弟でそんなことを言ってい
たのですが、でもまったく無視もで
きない。

　ブルックナー?　じゃあ、ちょっ
と聴いてみるか。箸休めみたいなも

アントン・ブルックナー
（1824－96）

のです。マーラーの次の曲を聴く前に、軽く聴いてみようか
と。

　ブルックナーは、9曲（＋2曲）の交響曲を書いているよう
ですが、このとき最終的に選んだのは『第9番』。ブルックナ
ー最後の交響曲。まあこれを聴いておけばいいでしょう。60
分くらいなので短めだし。これをささっと聴いて、早くマーラ
ーの次の交響曲にいかなきゃ。

　ということで、ブルックナーの『交響曲第9番』のレコード
を無造作に買ってきてさらりとかけたわけです。深く考えず。

　そうしたら。これがまあ、なんなんですか、これは。なんか
全然違うんです。これまで聴いたすべての交響曲と、流れや旋
律やリズムや、いや、その存在感が。言ってみれば、これまで
のすべての交響曲 vs ブルックナーの交響曲、ということにな
りましょうか。

　以前ブラームスの『交響曲第1番』を聴いたあと、兄弟そろ
って顔を見合わせて、その作品のあまりのすごさにひれ伏した
ことがありました。ドヴォルザークの『第8番』やサン＝サー

ンスの『第3番』のときはうれしくて顔を見合わせて、興奮しました。で、このブルックナーのときも聴き終わったあとに2人は顔を見合わせました。そのとき2人は口にこそしませんでしたが、おそらく同じことを考えていたと思います。

「なんかいままでの交響曲と全然違う。でも、すごい」

なんと言えばいいのでしょう。美しいメロディーがあるわけでもない、めちゃくちゃ盛り上がるわけでもない、かっこいいリズムがあるわけでもない。なんだかとりとめのない不可思議な音楽。なのに、ものすごい存在感と吸引力。まるで天上の世界から地上に差し込んだ一筋の強烈な光、とでも表現するしかない。そんな超自然的音楽。人間の存在とか、宇宙の根源とか、神の真実とか、そういったものを言葉ではなく音楽で表現しているような感じです。それまでいろんな作曲家の深遠な作品を聴いてきましたが、ブルックナーの音楽はそれらを超越しているような気さえしました。

宗教曲ではありません、もちろん。なのにこれを聴いている間は、神様と接しているのではないかと思わせてくれる。そんなとんでもない音楽でした。

ただ同時に松本兄弟は「いま、これを聴いてしまうとまずい。これにハマるのはまずい」と思いました。まだマーラーの続きを聴かなければという気持ちもあったでしょう。あるいはこれにハマったら抜け出せなくなると考えたのかもしれません。いずれにしても、松本兄弟はそのときブルックナーをそれ以上聴くことはやめました。いまは、ちょっと封印しておこうと。

しかし心のどこかで「早めにブルックナーに戻らなけれ

ば」、いや「戻りたい」と、思っていたのでしょう。弟の大輔少年は兄弟の掟を破って、兄の留守にこっそりブルックナーの『交響曲第9番』を聴いていたんです。本当は、買ったばかりのマーラーの『第8番』を聴かなければいけないのに（いけないことなんかないのですが、後ろめたく感じていました（笑））。

　でも聴いてはいけないと禁じてしまうと、あの天上の神秘的な音楽が思い出され、麻薬のようにレコードを取り出さずにはいられなくなってしまう。そしてこっそりかけたステレオから神秘的な冒頭部分が流れてくるたび、それだけで「ああ」と声が漏れて体がしびれて涙が出そうになります。

　そうやって、兄がいない間にこっそり聴いていたのですが、あるときカセットデッキに見慣れないテープが。こんなテープあったっけ。しかも、いつも使ってる普及用テープではなく、1本1,000円近い当時の最高級カセットテープが入っています。で、なんだろうと思ってかけてみると、ブルックナーの『第9番』でした。兄も、私がいない間にこっそりテープに録音して聴いていたのです。しかも最高級テープに。なんだ。松本兄弟はお互いひそかにブルックナーにはまっていたわけです。

　ブルックナーの『交響曲第9番』は、残念ながら作曲途中でブルックナーが死んでしまって未完成に終わっています。しかし、その未完成で終わっているというのがさらに神秘性を増すというのでしょうか。第3楽章で終わってしまうこともあって、まだ続きそうな、永遠に時間が続きそうな、そんなニュアンスのまま終わるのです。いや、終わりはありません。時間も空間も超越したまま、すべてを包含してそのまま解き放たれる

のです。

　なんという曲でしょうか。

　先ほども言いましたが、ブルックナーは交響曲を９曲（『第１番』から『第９番』）＋２曲（『第00番』『第０番』）書いています。『第３番』からが一般的なコンサート・レパートリーですが、いずれも膨大な時間と規模を有します。それはマーラーと同じなのですが、マーラーが旺盛なサービス精神を発揮したのとは逆で、ブルックナーには他人を意識したり空気を読んだりするところは皆無です。自分が書きたいと思ったように書き、書かなければいけないと思えばそのように書き、できあがったのが一連の交響曲なんです。壮大なる純粋さ、偉大なる素朴さといっていいでしょう。

　ただ、いまでは考えられないと思いますが、1970年代の終わりごろは日本の音楽シーンでブルックナーはそこまでメジャーではありませんでした。『１番』『２番』はレコードで２種類出てるかどうか。『０番』と『00番』（面白いでしょう?）はほとんど出回っていなかったのではないでしょうか。コンサートで取り上げられる機会もきわめて少なかったと思います。

　でも、いまではすっかり交響曲部門の最大最高人気をマーラー、ベートーヴェン、ブラームスと分け合っています。たとえば昨年（2019年）なんて、ベルリン・フィルとウィーン・フィルがそろって名古屋で公演を開いたのですが、両方ともブルックナーの『交響曲第８番』を取り上げました。なんという！マーラー以上に終演後の満足感・高揚感が押し寄せるような曲です。お客さんも大満足だったことでしょう。

　『第８番』という曲がまたすごい。どうでしょうか、古今東西

の交響曲の最大最高傑作というとベートーヴェンの『交響曲第
9番』『第5番「運命」』、あるいはブラームスの『交響曲第1
番』などがあがると思いますが、「いや、ブルックナーの『交
響曲第8番』でしょう」という方も多いのではないでしょう
か。それくらいすごい曲なんです。

　ブルックナーの交響曲のなかでも最大規模。しかも展開がダ
イナミックかつ大胆、途中珍しく美しい旋律が流れもする。な
ので観ても聴いても飽きない。昨年のベルリン・フィル、ウィ
ーン・フィルの公演では、明らかに普段ブルックナーなんて聴
きそうにないご婦人がかなり来場し、「みんな寝ちゃうんじゃ
ないかなー」と思っていたらとんでもない。みんな目を爛々と
輝かせて終演までかぶりつくように観ていました。私の講座か
らも生徒が2人ベルリン・フィルの公演に来ていました。彼女
たちも、初めてコンサートで聴く曲だったにもかかわらず、そ
の壮大なスケールと圧倒的な迫力に感動しまくっていました。

　大規模なだけではなく、第3楽章では陶酔的すぎて涅槃の世
界さえ垣間見させてくれますし、終楽章ではいったんは現実世
界に戻りながらも、今度は宇宙空間に連れていかれるような疑
似体験を味わわせてくれる。

　同じ音楽をいろんな形で何度も繰り返して盛り上げる独特の
手法、突然世界ががらりと変わる唐突な展開、神秘的で倒錯的
なハーモニー、もうブルックナー・ワールド全開。聴くだけで
トリップしてしまう。こんなクラシック音楽作品があったでし
ょうか。

　しかし先ほどお話しした『第9番』は、そのとんでもない傑
作『第8番』のあとに作られたこともあって、宇宙を超越して

その向こうの神の世界にまで行ってしまった。だから、陶酔加減、トリップ具合からするとさらに『第8番』の上をいくわけです。そのあたりの感覚がぴったりはまった方は、どうか遠慮なく『3番』から『7番』まで浴びるほど聴いてみましょう。何回もブルックナー陶酔の世界に浸れます。

『第3番』は尊敬するワーグナーに捧げた作品で、ワーグナーの作品の美しく壮麗な引用があります（あとの版では削除されてしまいますが）。

『第4番』は「ロマンティック」という副題のせいでついついシューマンかメンデルスゾーンのような作品だろうかと思って近づくと、そこで待っているのはブルックナー完全体。もうすっかりブルックナー。60分ほどの曲ですし、初心者向けといわれますが、ブルックナーとちゃんと向き合う覚悟をもって聴かないと迷宮の世界に入り込んで当惑してしまうかもしれません。

『第5番』は演奏時間80分の豪壮なる作品。そびえ立つ建造物のような偉容にちょっと躊躇してしまうかもしれませんが、宗教音楽のような幻想的な響きは『8番』『9番』につながる崇高さをもっています。

『第6番』は豪壮な『第5番』と壮麗な『第7番』の間にあってちょっと分が悪い60分ほどの曲ですが、どこか牧歌的でのびのびとしたところが愛されています。ブルックナーの『田園』と呼ばれるのもわからなくはありません。

『第7番』はブルックナー最初の成功作といわれています。このときブルックナーは40歳。作曲中に敬愛するワーグナーが亡くなったこともあって、ブルックナーとしては珍しい人間的

情感あふれる楽章をもちます。ブルックナーの交響曲のなかでは最も美しい作品とも呼ばれます。

　そうしてあの『第8番』『第9番』とつながるわけですが、もっとブルックナーの世界を知りたければ、『00番』『0番』『1番』『2番』という作品に進んでいってもいいかもしれません。

　ブルックナーは一度完成した楽譜を何度も改訂してしまう癖があって、同じ曲でもいろいろなバージョンができてしまいます。さらに弟子やらなんやらも勝手にいろいろ手を入れて新しいバージョンを出すものだから、さらに複雑なことになっています。それはそれで興味深く面白い話ではあるのですが、初めのうちはちょっと訳がわからないので、しっかり聴き込むまでは版についてはちょと目をつむって、そのときに接することができたバージョンを楽しむということにしましょう。ただ、そういう複数のバージョンがあるというのは頭に入れておいたほうがいいかもしれません。

　さらに付け加えると、ブルックナーの場合は作品の構成をきっちり頭に入れ、楽譜を手に進行を読み解きながら聴いていくととても面白いのですが、それもあとの楽しみに取っておきましょう。まずはその崇高で特別な世界観に身を浸し陶酔することで、その超常世界を享受すればいいと思います。

　クラシックをかなり聴き込んだ方のなかにも、「ブルックナーが苦手」「そのよさがわからない」という人が多いこともよく知っています。でもそういう人にも、そして初心者にも言いたい。ブルックナーの音楽は世界で最も贅沢なBGMではないかと。そこにあるのは純粋な素朴さ。天上から降りてきた自然芸術。ブルックナーの音楽は、あまり深く考えずに、まずは全

身で受け入れるところから始まっていいのではないかと。

そうして

　そして、ここでついに松本兄弟のクラシック交響曲をめぐる
旅は終わりを告げることになります。実は、兄が大学に入学し
て故郷を離れてしまったのです。弟の大輔少年にしてみれば、
いままで生まれてこの方ずっと一緒だった兄がいなくなり、こ
れからは一人で何でもやらなければならない。

　しかし、２人で交響曲の有名大作を踏破するという目標は、
なんとかぎりぎりのところで達成できたかもしれません。これ
が２人がこの数年で聴いてきた交響曲です。いかがでしょう、
意外に少ないか、それとも実際に聴くとなるとなかなか多い
か。

　　ハイドン：『交響曲第44番』『49番』『83番』『94番』『100
　　　番』『101番』『102番』『103番』『104番』
　　モーツァルト：『交響曲第25番』『31番』『34番』『35番』『36
　　　番』『38番』『39番』『40番』『41番』
　　ベートーヴェン：『交響曲第１番』『２番』『３番』『４番』
　　　『５番』『６番』『７番』『８番』『９番』
　　シューベルト：『交響曲第５番』『６番』『８番』『９番』
　　ベルリオーズ：『幻想交響曲』
　　メンデルスゾーン：『交響曲第３番』『４番』
　　シューマン：『交響曲第１番』『２番』『３番』『４番』

フランク：『交響曲』

ブルックナー：『交響曲第３番』『４番』『５番』『６番』『７番』『８番』『９番』

ブラームス：『交響曲第１番』『２番』『３番』『４番』

サン゠サーンス：『交響曲第３番』

チャイコフスキー：『交響曲第４番』『５番』『６番』

ドヴォルザーク：『交響曲第８番』『９番』

マーラー：『交響曲第１番』『２番』『３番』『４番』『５番』『６番』『７番』『８番』『大地の歌』『第９番』

シベリウス：『交響曲第１番』『２番』

ショスタコーヴィチ：『交響曲第５番』

でも、ここでいったん２人の旅路は終わります。

　ちなみにこのあと兄は歌劇を、弟はピアノ曲を集中して聴くことになります。２年後、弟は兄と同じ大学に行くことになり、それから４年間一緒に大学生活を送ることになります。そして後年、兄は医者になり、１年に１回関西でオペラをプロデュースすることを生きがいにするようになり、弟はアリアCDというクラシック専門のCDショップを開くようになったのです。松本兄弟のその後について、いずれお話しする機会もあるかと思います。でも今回はひとまず、このあたりで終わりにしましょう。

　みなさまが本書を読んで、ちょっとでも交響曲を、そしてクラシック音楽を聴きたい！と思って自らの旅に出られることを願っています。

　最後までお付き合いいただきありがとうございました。

あとがき

　アリアCDの松本大輔です。最後までお読みいただきありがとうございました。私にとって初めてのクラシック音楽入門の本です。

　冒頭でもふれましたが、5回くらい書いてはやめ書いてはやめを繰り返しました。出版社の話では筆を起こしたのが2007年だったそうです。足掛け13年でまとまった、ということになります。

　書き足りない、言い足りないことは、山のようにあります。ちょっと極端な言い方をしてしまったところもあります。クラシックに詳しい方がお読みになれば「あのこともこのことも書かれていない」、あるいは「それは言いすぎじゃないか」と思われるところもあるでしょう。

　でも本書の使命は、有名な作曲家や作品、そしてクラシック音楽の歴史のイメージや魅力をつかんでもらって、「面白そう！　聴いてみようかな！」と思ってもらうことにあります。筆が滑った部分はお許しください。

　もちろん本書を読んで興味がわいてきたら、インターネットにはたくさんの情報があります。そこで、いろいろ調べてみてくださいね。そして、CDや「YouTube」、音楽配信サービスなどなんでもかまいませんので、気になった曲をどんどん聴いてみてください。そこから、みなさん一人ひとりの「旅」が始ま

るのです。本書は、その旅の第一歩を踏み出すためのちょっとしたガイドブックにすぎません。

　昔は、本書に書いたようなことをうれしそうに話してくれる先輩とか友達、年配のマニアがいたものです。いまはなかなかそういう方には出会えませんから、本書がそういう存在になれば幸せです。

　いろいろ世の中が変わりつつありますが、私はこれからもさまざまな形でクラシック音楽入門者向けの講座発信をおこなうつもりです。現在「YouTube」の「アリアCDクラシック・チャンネル」でも情報を発信しています。ぜひ、チャンネルを登録してみてください。忘れないで、「アリアCDクラシック・チャンネル」です！

　それでは最後になりますが、本書のヒントをくれた名古屋宗次ホールのNマネージャー、そしていろいろ相談に乗ってくれたアリアCDのスタッフ、13年間原稿を待ち続けてくれた青弓社の矢野恵二さん、ありがとうございました。そして何より最後まで本書を読んでくださったみなさま、ほんっとにありがとうございました。

　それではまた近いうちにお会いしましょう。お元気で、よい旅を！

［著者略歴］
松本大輔（まつもと だいすけ）
1965年、愛媛県生まれ
WAVE、HMVのクラシックバイヤー、店長を経て独立。アリアCD店主として現在に至る
著書に『クラシック名盤復刻ガイド』『どっこいクラシックは死なない！』『まだまだクラシックは死なない！』『やっぱりクラシックは死なない！』『このNAXOSを聴け！』（いずれも青弓社）など

面白いほどわかる！クラシック入門

発行	2020年8月20日　第1刷
定価	1600円＋税
著者	松本大輔
発行者	矢野恵二
発行所	株式会社青弓社
	〒162-0801 東京都新宿区山吹町337
	電話 03-3268-0381（代）
	http://www.seikyusha.co.jp
印刷所	三松堂
製本所	三松堂

高橋清隆
クラシック廉価盤ガイド

ボックスセットのCD、雑誌付録の試聴盤、NAXOSなどの廉価盤の想像を超える魅力や演奏の見極め方、購入時のエピソードを交え、聴き込んだ耳が選んだ代表的な25曲をガイドする。　　　　　　　　　　定価1600円＋税

玉川裕子／梅野りんこ／西阪多恵子／辻 浩美 ほか
クラシック音楽と女性たち

女性たちの豊かな音楽活動の歴史を、その実践の場——劇場・公開演奏会・学校・協会・家庭——に注目して史料から掘り起こす。女性たちの音楽を描くもう一つのクラシック音楽史。　　　　　　　　　　　　　　定価2000円＋税

西阪多恵子
クラシック音楽とアマチュア
W・W・コベットとたどる二十世紀初頭の音楽界
イギリスで私財を投じて音楽組織や音楽家と協力して展開したコベットの実践を軸に、アマチュアや無名の音楽家たちの豊饒な活躍を描き、クラシック音楽史の新たな一面を照らす。　　　　　　　　　　　　　　　　定価2400円＋税

三宅新三
モーツァルトとオペラの政治学

モーツァルトのオペラの根底には愛と結婚をめぐる新旧社会の規範の対立や葛藤というエロスの問題が横たわっている。その社会的・文化的な諸相を七大オペラを通して読み解く。　　　　　　　　　　　　　　　定価2000円＋税